Rolf Hille

Ungelöste Fragen …

ein Hindernis für den Glauben?

Denkanstöße von Karl Heim

BRUNNEN

VERLAG GIESSEN · BASEL

Abdruck der Predigt „Überwindung des Zweifels" aus:
Karl Heim, Die lebendige Quelle: Predigten von Karl Heim,
© Osiander'sche Buchhandlung Tübingen, 1927, S. 3-17,
mit freundlicher Genehmigung des Verlages.

© 2008 Brunnen Verlag Gießen
www.brunnen-verlag.de
Lektorat: Uwe Bertelmann
Umschlaggestaltung: Ralf Simon
Satz: Die Feder GmbH, Wetzlar
Herstellung: St.-Johannis-Druckerei, Lahr
ISBN 978-3-7655-1413-5

Heinzpeter Hempelmann
in der apologetischen Arbeit
verbunden

INHALT

Chronologischer Lebenslauf von Karl Heim

1874	Am 20. Januar wird Karl Heim als Sohn des Pfarrers *Christian Gottlob Heim* und seiner Ehefrau *Stefanie geb. Kieser* in Frauenzimmern (Württemberg) geboren. Heim entstammt einer alten schwäbischen Pfarrerfamilie.
1882–1888	Internatsschüler an der *Lateinschule Kirchheim/Teck*.
1888–1892	Humanistisches Gymnasium an den *Niederen Seminaren der Evangelischen Landeskirche in Württemberg*, Kloster Schöntal und Urach.
1892–1896	Theologiestudium in Tübingen als Stipendiat am *Evangelischen Stift*.
1893	Durch die Verkündigung von *Elias Schrenk* entscheidende Lebenswende auf einer Studentenkonferenz der *Deutschen Christlichen Studentenvereinigung* (DCSV) in Frankfurt/M. Dort auch Begegnung mit dem Gründer der *China-Inland-Mission, Hudson Taylor*.
1897	Viermonatiges Gemeindevikariat in Giengen an der Brenz; am 9. Mai Ordination in Nürtingen.
1897–1899	Als Vikar mit einem Lehrauftrag für deutsche Literatur und Geschichte am *Kirchlichen Volksschullehrer-Seminar* Tempelhof bei Crailsheim.
1899	Philosophische Doktorarbeit über „DIE GRUNDZÜGE DER ERKENNTNISTHEORIE UND LOGIK VON HOBBES" bei dem Tübinger Philosophen *Christoph Sigwart*.
1899–1902	Hauptamtlicher Reisesekretär der DCSV im Reisedienst an den deutschen Hochschulen für Studenten aller Fakultäten.
1900	Vertreter der DCSV bei der Tagung des *Weltbundes der Christlichen Studentenvereinigung* in Paris; dort Begegnung mit *John Mott*.

1900/01	Fünfmonatige Studienreise durch das Baltikum in das vorrevolutionäre St. Petersburg auf Einladung des russischen Barons *Paul Nicolai.*
1903	Berufung als Inspektor an das *Schlesische Konvikt* in Halle/Saale durch *Martin Kähler.*
1905	Promotion zum Lizentiaten der Theologie mit dem Werk „Das Weltbild der Zukunft. Eine Auseinandersetzung zwischen Philosophie, Naturwissenschaft und Theologie" in Tübingen.
1906	Habilitation an der Universität Halle über „Das Wesen der Gnade und ihr Verhältnis zu den natürlichen Funktionen des Menschen bei Alexander Halesius" (veröffentlicht 1907) und Probevorlesung vor der theologischen Fakultät Halle über „Das Schriftprinzip in der Scholastik".
1913	Eheschließung mit der Dekanstochter *Hedwig Uhl* aus Neuenbürg (Württemberg).
1914	Berufung als Ordinarius für systematische Theologie an die neugegründete *Evangelisch-Theologische Fakultät der Universität Münster/Westfalen.*
1916–1918	Studentenseelsorger für Kriegsteilnehmer beim *Deutschen Studentenbund,* Berlin; in dessen Auftrag als Seelsorger 1917 in das deutsche *Interniertenlager Hald* bei Viborg (Dänemark) und 1918 ins *Interniertenlager Löken* (Norwegen) zur Betreuung verwundeter Soldaten entsandt.
1920	Zum Sommersemester Berufung als Systematiker nach Tübingen in der Nachfolge seines Lehrers Theodor Haering; daneben Auftrag als sogenannter Frühprediger an der Tübinger Stiftskirche; von 1920 bis 1938 Mitherausgeber der Neuen Folge der „Zeitschrift für Theologie und Kirche".
1922	Reise mit dem DCSV-Vorsitzenden und ehemaligen Reichskanzler *Georg Michaelis* als deutsche Delegierte zur Konferenz des *Christlichen Studenten-Weltbundes* nach Pe-

king; von dort fünfwöchige Vortragsreise durch das mittlere und nördliche China; im Anschluss daran Studienreise nach Japan; Rückkehr quer durch die USA von San Francisco bis New York.

1924/25 Vorlesungen für Hörer aller Fakultäten von *Karl Adam* über „Das Wesen des Katholizismus" und Karl Heim über „Das Wesen des evangelischen Christentums" in Tübingen.

1928 Reise als Delegierter des *Deutschen Evangelischen Missionsausschusses* zur Weltkonferenz des erweiterten *Internationalen Missionsrates* nach Jerusalem; dort hatte Heim das erste Hauptreferat über „Die Botschaft des Christentums" zu halten.

1935 Vortragsreise in den USA mit Abschluss an der *Universität Princeton*, New Jersey; dort Begegnung mit *Albert Einstein*.

1936 Theologischer Ehrendoktor der *Universität Edinburgh*.

1937 Aus Gründen kirchlicher und nationaler Solidarität Ablehnung einer Berufung an die *Theologische Fakultät Princeton*.

1939 Zum 1. April Emeritierung.

1948 Letzte Vorlesung und letzte Predigt in Tübingen; Mitarbeit an der neugegründeten *Evangelischen Akademie Bad Boll*.

1954 Anlässlich des 80. Geburtstages Ehrenbürger der Stadt Tübingen.

1958 Todestag am 30. August.

VORWORT

„Wir fahren Heim-wärts!", sagten in den zwanziger und dreißiger Jahren Tübinger Studenten, wenn sie aus den Semesterferien in ihre Universitätsstadt am Neckar zurückfuhren, obwohl sie sich ja von zu Hause wegbewegten. Der Spruch bedeutete: Wir gehen wieder zu Professor Karl Heim, der in der ersten Hälfte des 20. Jh. in Tübingen gemeinsam mit dem Neutestamentler Adolf Schlatter eine ganze Generation evangelischer Pfarrer und Religionslehrer prägte. Heim verstand es, seine Hörer mit revolutionären Einsichten seiner Philosophie und seinen soliden Kenntnissen über die moderne Atomphysik zu faszinieren. Er wusste um die massive Kritik am christlichen Glauben, die viele seiner Studenten tief verunsicherte. Kann man als gebildeter Zeitgenosse noch an einen Gott glauben, der irgendwo in einem unendlichen Weltraum leben soll? Ist nicht die gesamte Wirklichkeit dem Gesetz von Ursache und Wirkung unterworfen? Wo sollen da biblische Wundergeschichten und aktuelle Gebetserhörungen Platz haben?

Heim gab auf solche bedrängenden Fragen sachkundige und verständliche Antworten und eröffnete neue Denkhorizonte für den Glauben.

Daneben rückte Heim zu einem der gefragtesten Missionstheologen der damaligen Zeit auf. Er galt als Vertrauensmann der deutschen Missionsbewegung, hatte Zugang zu pietistischen und erweckten Kreisen und war ein gefragter Vortragsredner im In- und Ausland. Seine Kenntnisse über den Zen-Buddhismus und die ostasiatische Mystik führten ihn zu einer scharfsinnigen Analyse der fernöstlichen Religionen, die noch heute in der Ära von New Age und Esoterik höchst aktuell und theologisch stimmig ist.

Vielen Gemeindegliedern wurde Heim als begnadeter Prediger auf der Tübinger Stiftskirchenkanzel bekannt. Sie schätzten seinen Tiefgang und seine klare biblische Verkündigung.

Am 30. August 1958 verstarb vor nunmehr fünfzig Jahren Karl Heim als Ehrenbürger der Stadt Tübingen. Aus Anlass seines Todestages bat mich der Brunnen Verlag, eine Einführung in das bewegte Leben des

Theologieprofessors und sein weitläufiges Werk zu schreiben. In dem vorliegenden Buch liegt der Schwerpunkt auf den Besonderheiten der theologischen Fragestellungen und dem Denkstil Karl Heims. Letzterer ist bis heute für die Auseinandersetzung mit Philosophien, Ideologien und nichtchristlichen Religionen fruchtbar.

Der Verfasser konnte dabei auf seine Forschungen im Rahmen seiner Doktorarbeit, die 1990 beim Brunnen Verlag unter dem Titel *„Das Ringen um den säkularen Menschen. Karl Heims Auseinandersetzung mit der idealistischen Philosophie und den pantheistischen Religionen"* erschienen ist, zurückgreifen.

Die hier vorgelegte Einführung möchte den heute leider viel zu wenig beachteten Tübinger Systematiker Heim wieder ins Gespräch bringen und Theologen sowie interessierte Laien auf diesen äußerst anregenden und umfassend gebildeten Theologen hinweisen.

Danken möchte ich Herrn Uwe Bertelmann vom Brunnen Verlag für die fachkundige Lektorierung und Herrn Sven Wagschal für die Erstellung des Typoskripts und Herrn Jens Hutter für das Korrekturlesen.

Rolf Hille
Tübingen, im März 2008

1. „Gott will lieber einen ehrlichen Atheismus ..." – vom Samariterdienst des Theologen

Karl Heim hat, lange bevor er Professor für Systematische Theologie wurde, ein Konzept für die Zielsetzung seines akademischen Wirkens entwickelt. Als 31-jähriger Privatdozent in Halle/Sa. hielt er einen vielbeachteten Vortrag bei der 15. *Allgemeinen Christlichen Studentenkonferenz* 1905 in Wernigerode. Dieses Studententreffen richtete sich an Studenten aller Fakultäten und nahm die intensiven Erfahrungen auf, die Heim als Reisesekretär der *Deutschen Christlichen Studentenvereinigung* (DCSV) zwischen 1899 und 1902 gesammelt hatte. Heim war quer durch Deutschland unterwegs, um an Universitäten, Technischen Hochschulen, Kunstakademien, Pädagogischen Instituten usw. Vorträge über den christlichen Glauben zu halten. Mit dieser Aufgabe hatte er nicht nur ein sehr breites akademisches Publikum gefunden, sondern auch das bestimmende Thema seines Lebens. Er wollte nicht vorbeigehen an den Intellektuellen, die aufgrund vielfältiger Zweifel dem Christentum den Rücken gekehrt hatten. „Ja, an den Fragen dürfen wir vorbeigehen. Aber nicht an den Menschen, die an solchen Fragen zugrunde gehen." So rief er den Studenten in Wernigerode zu. Er hatte erkannt, dass bis in die frommen Kreise hinein gerade die geistig wachen und interessierten Studenten von schwerwiegenden Zweifeln geplagt wurden:

> „An den Fragen dürfen wir vorbeigehen. Aber nicht an den Menschen, die an solchen Fragen zugrunde gehen."

„Die Verwundeten, die ich meine, sind Menschen, denen der Zweifel die Seele zerrissen hat. Vielleicht verrät sich diese innere Zerrissenheit gerade durch die Leidenschaft, mit der sie dem Geist dieser Konferenz (in Wernigerode) Opposition machen, während doch ihre ganze Seele voll Sehnsucht nach den Realitäten ausschaut, die hier bezeugt werden. Vielleicht gehören sie auch zu den stillen Leuten, die schweigsam unseren Verhandlungen folgen und für ‚entschieden' gelten, weil sie bei keiner Gebetsversammlung fehlen. Aber wenn sie abends auf ihr Zimmer zurückkehren und die Wellen aller persönlichen Einflüsse, die sie hier emportrugen, abgeflutet sind, dann sitzen sie auf dem Sande, und es kommt wie ein dumpfer Druck die Frage über sie, ob vielleicht alles, alles Täuschung war."[1]

Wollte Heim Studenten evangelistisch ansprechen und seelsorgerlich begleiten, so musste er die ständige Konfrontation mit ihren Zweifeln und Glaubenskrisen auf sich nehmen. Er sah es deshalb als eine wesentliche Aufgabe an, sich auch den radikalsten Infragestellungen des Christentums auszusetzen.

1.1 Das Problem intellektueller Anfechtung

Wie er das Problem intellektueller Anfechtung beurteilte und auf welchem Weg er dessen Lösung anstrebte, wird besonders an dem erwähnten Vortrag deutlich, den er 1905 bei der Allgemeinen Deutschen Christlichen Studentenkonferenz in Wernigerode (Thüringen) unter dem Thema „Bilden ungelöste Fragen ein Hindernis für den Glauben?"[2] hielt. Zunächst muss nach Heims Auffassung zwischen *Zweifel und Zweifel* deutlich unterschieden werden. Es gibt eine Skepsis gegenüber dem christlichen Glauben, die auf Halbbildung oder Unwissenheit beruht und die deshalb leicht durch Argumente auszuräumen ist. Anders steht es mit dem gewollten Zweifel, der lediglich denen zum Vorwand dient, die nicht bereit sind, sich auf eine verbindliche Nachfolge Christi einzulassen; ihm ist auch mit Gründen der Vernunft nicht beizukommen.

„ECHTER" UND „UN-ECHTER" ZWEIFEL

Von diesen unechten bzw. missbräuchlichen Formen des Zweifels ist

---

[1] KARL HEIM, „Bilden ungelöste Fragen ein Hindernis für den Glauben?", in: ders., *Glauben und Leben. Gesammelte Aufsätze und Vorträge. Mit einer Einführung über Sinn und Ziel meiner theologischen Arbeit*, Berlin ²1928, S. 572.

[2] KARL HEIM, „Bilden ungelöste Fragen ein Hindernis für den Glauben?", S. 571-592.

nun die echte Glaubenskrise, die den Mensch innerlich erschüttert und in der er von den ungelösten Fragen zerrissen ist, deutlich zu unterscheiden. Heim war sich bei seiner Analyse des Phänomens Zweifel jedoch über eines im Klaren: In der Studentenschaft der DCSV, die aus der Erweckung des 19. Jh. hervorgegangen war, bestanden erhebliche antiintellektuelle Vorbehalte, und die pietistische Bibelfrömmigkeit hatte seit ihrem teilweise freiwilligen, teilweise aber auch erzwungenen Rückzug aus der wissenschaftlichen Theologie geradezu Abwehrmechanismen gegen jedwede kritische Infragestellung entwickelt. Er musste also zunächst begründen, weshalb er die geistige Auseinandersetzung mit dem Zweifel nicht nur für zulässig, sondern aus dem Wesen des christlichen Glaubens heraus sogar für notwendig hält. Heims Plädoyer für eine offene Diskussion führt primär anthropologische[3], aber auch theologische Argumente ins Feld. Einmal verweist er darauf, dass durch Verdrängung offener Fragen keine Probleme zu lösen sind, sondern diese sich in aller Regel nur noch vertiefen, und zwar deshalb, weil intellektuelle Redlichkeit zur unveräußerlichen Würde des Menschen gehört, der nach Gottes Bild geschaffen ist.

„Wenn wir unser Denken gewaltsam abbrechen, weil es zu gefährlichen Konsequenzen zu führen scheint, wenn wir Fragen, die laut in uns zu reden anfangen, das Wort abschneiden, so zuckt in den Tiefen unseres Wesens etwas schmerzlich zusammen, ganz ähnlich wie dann, wenn wir eine Unwahrheit sagen oder Jesus verleugnen. Unser mit Gott verwandter Geist, der dazu geboren ist, Sonnensysteme zu umspannen, fühlt sich in seiner göttlichen Würde verletzt, wenn man versucht, seine Entfaltung durch Polizeimaßregeln einzuschränken. Er ist nicht bloß ein Fechtboden, auf dem sich eine heilige Passion mit einer Menge wüster Leidenschaften herumschlägt. Er ist mehr. Ihm gab Gott nach jener tiefsinnigen Erzählung [der Schöpfungsgeschichte, R. H.] der Bibel das Recht, die Kreaturen zu benennen, den Kosmos denkend zusammenzuschauen."[4]

---

[3] D. h. auf das *Wesen*, die *Eigenart des Menschen* bezogen.
[4] HEIM, „Bilden ungelöste Fragen ein Hindernis für den Glauben?", S. 577f.

Weil es ein gottgewolltes intellektuelles Gewissen gibt, darf man die aus dem Zweifel entstehende Anfechtung weder durch einen exorzistischen Gewaltakt, d. h. eine Art Dämonenaustreibung, nie-

Ein gottgewoll-
tes intellektuel-
les Gewissen

derschlagen, noch ihr durch Flucht in die praktische Frömmigkeit ausweichen, ohne sich schuldig zu machen. Aus den verdrängten Problemen entstehen nämlich Kräfte, die sich zunächst als Berührungsängste, schließlich aber als gefährliche Aggressionen äußern. Die Folgen unbewältigter Glaubenszweifel manifestieren sich zuletzt in inquisitorischer[5] Unterdrückung jener geistigen Freiheit, die zu schützen elementare Aufgabe christlicher Humanität wäre. Wird also das kritische Denken gewaltsam unterbunden, so geschieht Unrecht selbst dann, ja gerade dann, wenn solche geistige Vergewaltigung mit scheinbar christlichen Argumenten gerechtfertigt wird. Gebet und Bibellese zur inhaltlichen Abschaffung vernünftiger und notwendiger Sachfragen zu gebrauchen ist immer intellektueller Missbrauch. Weil Gott selbst Wahrheit ist, können und dürfen zur Begründung des Glaubens an Gott keine oberflächlichen, irreführenden und halbwahren Aussagen gemacht werden. Gott ist ein heiliger Gott, „der lieber einen ehrlichen Atheismus will, als daß man zu seiner Ehre lügt".[6]

Wird versucht, das Wahrheitsgewissen mundtot zu machen, so wird es sich bei passender oder unpassender Gelegenheit umso lauter melden. Der unterdrückte Zweifel lässt sich so wenig wie eine Infektion durch bloßes Vertuschen der Symptome heilen.

1.2 Intellektuelle Redlichkeit

Die radikal und leidenschaftlich vorgetragene Forderung nach intellektueller Redlichkeit, die der junge Heim programmatisch vor Studenten vertreten hat, blieb kein reiner Appell, sondern ist zur bestimmenden

---

[5]   Die *Inquisition* war in der mittelalterlichen Kirche die mit staatlicher Gewalt vollzogene Verfolgung von Irrlehrern.

[6]   Heim, „Bilden ungelöste Fragen ein Hindernis für den Glauben?", S. 578.

Norm und ethischen Selbstverpflichtung Heims für seine gesamte wissenschaftliche Arbeit geworden. So bewertete Heim seinen beruflichen Übergang von der DCSV zur Aufgabe eines Universitätsprofessors lediglich als einen äußeren Wechsel des Arbeitsgebiets, dem inneren Anliegen nach jedoch als eine Vertiefung des Dienstes an der Wahrheit und als eine Herausforderung, sich dem Zweifel in seinen radikalsten Formen zu stellen. In seiner Autobiografie beschreibt Heim in aller Deutlichkeit, wie er seine theologische Aufgabe verstand, nachdem ihn Martin Kähler ans Schlesische Konvikt berufen hatte:

PROBLEMFELDER AUFSPÜREN, DIE DIE SUBSTANZ DES CHRISTLICHEN GLAUBENS AUSHÖHLEN

> „Wenn ich nicht bloß die Aufgabe habe, ein einfaches Glied der Christengemeinde zu sein, auch nicht bloß die Aufgabe, das Evangelium in der heutigen Welt zu verkündigen, sondern wenn mir die schwerere Aufgabe obliegt, theologischer Lehrer zu sein, also Menschen heranzubilden, die imstande sein sollen, der heutigen Zeit die Christusbotschaft zu bringen, dann muß ich, so sagte ich mir zunächst einmal, selbst imstande sein, den Anprall des Sturms und den Platzregen auszuhalten, dem der Fels des Absolutums, auf den Christus seine Gemeinde gebaut hat, heute von allen Seiten her ausgesetzt ist. Ich muß mich also, so sagte ich mir, um für diese Aufgabe gerüstet zu sein, mit der allerradikalsten Form des Zweifels an den letzten Fundamenten des Glaubens vertraut machen, weil sie ja alle mit ins Wanken kommen, wenn der Gottesglaube schwankt."[7]

Wenn wir zu Beginn dieser Einführung in Heims Leben und Werk nach den Konturen fragen, die seiner Theologie ihre Eigenart und unverwechselbare Thematik gegeben haben, so finden wir sie in dem Vortrag „Bilden ungelöste Fragen ein Hindernis für den Glauben?". Es geht Heim um die Bereitschaft, mit unnachgiebiger Hartnäckigkeit jene Problem-

---

[7] HEIM, *Ich gedenke der vorigen Zeiten. Erinnerungen aus acht Jahrzehnten*, Hamburg 1957, S. 94f.

felder aufzuspüren, die offen oder verborgen die Substanz des christlichen Glaubens aushöhlen. Die Herausforderungen des modernen Denkens sind für sein Forschen geradezu systembildend.

Die Analyse der weltanschaulichen Situation um die Jahrhundertwende führte Heim zu der Überzeugung, dass die Theologie nicht mehr mit rein innerbiblischen Argumenten vor den Anfragen der Wissenschaft bestehen kann. Will sich die Dogmatik als wissenschaftliche Disziplin behaupten, ihre Selbstachtung wahren und ihre Zukunft an der Universität sichern, so muss sie aus dem Sog lediglich traditioneller Entwürfe herauskommen. Am offensichtlichsten lässt sich das an Heims Auseinandersetzung mit dem naturwissenschaftlichen Weltbild zeigen. Hier öffnete er die wissenschaftliche Theologie für die Fragen der modernen Physik und bot so eine intellektuell redliche Argumentationshilfe für den Glauben an, die von vielen Studenten dringend gesucht wurde.

Es entspricht der inneren Konsequenz des Heimschen Denkweges, wenn er seine Diskussion mit den neuzeitlichen Naturbildern noch im Jahr 1949 innertheologisch rechtfertigt – bis in Formulierungen des Vortrages hinein, den er 1905, also 44 Jahre vorher, gehalten hatte:

„Der Versuch, die radikale Frage, die auf das Ganze geht, kurzerhand niederzuschlagen, widerspricht nicht bloß dem ‚Öffentlichkeitswillen‘ der Kirche, sondern sie birgt auch eine schwere Gefahr für unser persönliches Leben in sich. Denn es ist im letzten Grunde eine gegen das Gewissen gerichtete Anstrengung, ein Kampf gegen Gott, der uns in eine Wirklichkeit hineingestellt hat, die uns unausweichlich vor solche Fragen stellt, und der uns einen Verstand gegeben hat, der nicht zur Ruhe kommen kann, solange wir nicht irgendeine Antwort auf diese Fragen gesucht haben. Der Versuch, der ehrlichen Auseinandersetzung mit ihnen aus dem Wege zu gehen, kann sich irgend einmal in unserem Leben schwer rächen. Er kann plötzlich zu einer Katastrophe führen, wenn unter einer schweren Lebenserschütterung, die über uns kommt, diese Fragen wieder neu erwachen.“[8]

---

[8] Heim, *Der christliche Gottesglaube und die Naturwissenschaft. Erster Teilband: Grundlegung. Der evangelische Glaube und das Denken der Gegenwart* (Grundzüge einer christlichen Lebensanschauung, Band IV), Tübingen 1949, S. 30f.

Aus einem stark entwickelten Problembewusstsein heraus beteiligte sich Heim offensiv an der universitären Diskussion seiner Zeit und wich keiner noch so grundsätzlichen Infragestellung des Glaubens aus. Im Gegenteil: Er verschärfte sie noch, indem er forderte, sie radikal zu Ende zu denken. Das Gespräch mit *Karl Marx, Sigmund Freud, Friedrich Nietzsche, Oswald Spengler*, aber auch mit modernen Dichtern wie *Leo Tolstoi, Hendrik Ibsen* und *Gerhard Hauptmann* bestimmte in seinen Vorträgen und Vorlesungen den Verlauf der Argumentation. Sie erweisen sich als das mitbestimmende Gegenüber des Dialogs, den Heim mit großer Leidenschaft suchte. Adolf Köberle macht in einer „Akademischen Gedenkrede" zu Ehren Heims darauf aufmerksam, dass dieser aus Gründen der intellektuellen Redlichkeit ohne Vorbehalte für die uneingeschränkte Weite der universitären Theologenausbildung eingetreten sei – und das auch in der Überzeugung, dass Geistesfreiheit ein unveräußerliches Erbe der Reformation sei, das unter keinen Umständen aufs Spiel gesetzt werden dürfe.

Heims Eintreten für eine reformatorisch begründete Liberalität beinhaltet eine großmütige Form der geistigen Auseinandersetzung, die den Gegner darin würdigt, dass sie die Stärke seiner Position beachtet und einbezieht. Die Art, in der eine Debatte geführt wird, ist für Heim eben keine Stil-, sondern eine Wahrheitsfrage.

1.3 Missionarisches Anliegen und intellektuelle Weltoffenheit

In seinem Aufsatz über „DAS MISSIONSPROBLEM IN DEN KULTURLÄNDERN OSTASIENS"[9] macht Heim die missionswissenschaftlichen Konsequenzen seines Verständnisses einer dialogfähigen und wahrhaftigen

---

[9] HEIM, „Das Missionsproblem in den Kulturländern Ostasiens", in: ders., *Glaube und Leben. Gesammelte Aufsätze und Vorträge. Mit einer Einführung über Sinn und Ziel meiner theologischen Arbeit*, Berlin [2]1928, S. 709-736.

Evangelisierung deutlich. Er bezieht sich dabei auf den Bericht eines norwegischen Missionars namens Reichelt, der mit großer Offenheit und Liebe buddhistischen Mönchen eines Klosters in Pilu das Evangelium vermittelte. Durch seine Gesprächsbereitschaft hatte Reichelt den Mönch Kunantu gewonnen. Reichelts missionarisches Vorgehen hat für Heim keineswegs nur eine pragmatisch-missionsstrategische Bedeutung, sondern steht als Denkmodell für eine sachgemäße, weil an der evangelischen Wahrheit orientierte Missionsarbeit.

GRUNDLEGENDE PRÄGUNG AUS HEIMS KINDHEIT: GEISTIGE FREIHEIT UND EVANGELISTISCH ORIENTIERTE ÜBERZEUGUNG

Diese Verbindung von geistiger Freiheit und evangelistisch orientierter Überzeugung findet Heim als grundlegende Prägung bereits in seiner Kindheit. Im Ringen um den notwendigen Raum der Freiheit verfolgt er die Ursprünge seines wissenschaftlichen Ethos, nämlich die Forderung nach intellektueller Redlichkeit, bis in seine Familiengeschichte und frühe Jugend zurück, wobei er an dem verehrten Großvater *Friedrich Jakob* als vorbildlich anerkennt, dass dieser, „... obwohl er selber ein Gebetsleben führte und ganz tief in der biblischen Wahrheit wurzelte, doch keinerlei Druck auf seine Allernächsten ausübte, sondern jedem die volle Freiheit ließ, sich seinen Lebensweg zu wählen."[10] Auch das Verhältnis zu seinem Vater *Christian Gottlieb* war von dieser Offenheit geprägt. Als sein Vater im Oktober 1907 in Nürtingen starb, verleiht Karl Heim seiner Dankbarkeit Ausdruck, dass die geistigen Konflikte seines Lebens die Harmonie mit dem Elternhaus niemals gestört hatten:

> „Es scheint mir wunderbar, daß nie ein Mißtrauen meines Vaters gegenüber meiner Glaubenshaltung oder theologischen Entwicklung unser Zusammenleben getrübt hat. Er hat mich nie theologisch beeinflussen wollen, wie andere Väter tun. Er machte kein Hehl daraus, daß er meine theologischen Gänge nicht verstand. Aber daß wir demselben Meister gehörten, wußten wir doch gegenseitig ganz genau."[11]

---

[10]   HEIM, *Ich gedenke der vorigen Zeiten*, S. 21.

[11]   Überliefert bei A. KÖBERLE, *Abschied von Karl Heim. Glaubensvermächtnis der schwäbischen Väter*, Hamburg 1959, S. 63.

Es klingt in den Lebenserinnerungen des Dreiundachtzigjährigen noch etwas vom Rausch der Gedankenfreiheit nach, die der Gymnasiast nach seinem Wechsel von der Kirchheimer Lateinschule unter der demütigenden Rute des „eisernen Rektors" zu dem liberal gesonnenen Ephorus *Schmid* im Seminar Schöntal erfahren hat:

> „Wir bekamen einen Eindruck davon, was für ein bezauberndes, ja beglückendes Gut das freie Denken ist, in das man auf der Universität auf allen Gebieten eingeführt wird. Wir lernten etwas von dem verstehen, was Schiller, der Lieblingsdichter der Jugend, im Drama ‚Don Carlos' Marquis Posa zum König sagen läßt: ‚Lassen Sie großmütig wie der Starke Menschenglück aus Ihrem Füllhorn strömen. Geben Sie Gedankenfreiheit'."[12]

Solche intellektuelle Weltoffenheit wurzelt jedoch bei Heim keinesfalls in einer wertfreien Liberalität oder in interesselosem Pluralismus, sondern ist letztlich von seinem seelsorgerlich-missionarischen Anliegen bestimmt und durchdrungen. Wäre Heim lediglich Evangelist in der biblizistischen Tradition seiner württembergischen Väter geblieben, so könnte man ihn leicht und klar einordnen. Aber in seiner Art, Theologie zu treiben, fließen die beiden theologiegeschichtlich so gegensätzlich verlaufenden Ströme der Erweckungsbewegung und des Liberalismus zusammen. Heim nimmt die Weite der Gedankenfreiheit mit ihrem unbändigen Willen zum Hinterfragen in evangelistischer Absicht auf und vertieft sie existenziell. In diesem ungewohnten Verschmelzungsprozess entwickelt sich seine Theologie zur intellektuellen Diakonie.

Es ist gewiss kein Zufall, dass sich Heim in dem Vortrag „BILDEN UNGELÖSTE FRAGEN EIN HINDERNIS FÜR DEN GLAUBEN?" ausdrücklich auf das Gleichnis vom barmherzigen Samariter (Lk 10,25-37) beruft. Er identifiziert den unter die Räuber Gefallenen mit dem in Glaubensanfechtung und Zweifel Geratenen, dessen innere Verwundungen nun vom Theologen in brüderlicher, das heißt in diakonischer Gesinnung zu pflegen und zu heilen sind.

---

[12] HEIM, *Ich gedenke der vorigen Zeiten*, S. 38f.

1.4 Karl Heim – selbst ein Angefochtener?

Weil es Heim um Rettung und Bewahrung angefochtener Menschen geht, liegt ihm Apologetik, d. h. Verteidigung des Glaubens im Sinne eines bloß schöngeistig-intellektualistischen Florettfechtens fern. Die kritischen Argumente gegen den Glauben haben in der Theologie Heims nicht dadurch ihr Gewicht, dass er mit akademischer Gründlichkeit einem bestimmten Wissenschaftsideal nachjagt, sondern weil er den „Armen im Geiste" helfen will, sich in den Strömungen des neuzeitlichen Denkens glaubend zurechtzufinden. Ob er selbst von den Fragestellungen des modernen Skeptizismus und Agnostizismus[13] angefochten war, ist schwer von außen her zu klären. Eine autobiografische Notiz *Helmut Thielickes* lässt dessen Einschätzung Heims erkennen, die man zumindest ernst nehmen muss:

> „Allerdings blieb gerade in Augenblicken, in denen ich ihm verehrend zugetan war, ein geheimer Vorbehalt in mir, der mich schon während meiner Studienzeit davon abgehalten hatte, zu ihm nach Tübingen zu gehen. Erst im Lauf vieler Jahre ist mir klargeworden, warum ich instinktiv eine Art Schranke ihm gegenüber fühlte. Ich gewann den Eindruck, daß Karl Heims Person selbst kaum von Relativismus angefochten wurde, daß er vielmehr im Frieden einer Glaubensgewißheit ruhte, die durch keine ernsthafte Erschütterung bedroht war. Er war, wenn ich es so ausdrücken darf, eher ein ‚diakonischer Denker', der die Nöte anderer auf sich nahm und sich zu eigen machte, um gleichsam stellvertretend, da ihm das entsprechende Ingenium verliehen war, einen Ausweg aus der geistigen Umzingelung zu suchen."[14]

---

[13] *Agnostizismus* bezeichnet eine Haltung, die davon ausgeht, dass sich im Blick auf Gott die Wahrheit grundsätzlich nicht erkennen lässt, d. h. die Frage nach der Existenz Gottes bleibt unbeantwortbar.

[14] H. Thielicke, *Zu Gast auf einem schönen Stern,* Hamburg ²1984, S. 218f.

Das letzte Gespräch, das ich selbst mit dem Tübinger Neutestamentler *Otto Michel* vor dessen Tode führte, gibt mir allerdings bezüglich dieser Einschätzung zu denken. Michel begegnete Heim in dessen letzten Lebensjahren öfters und bestreitet nachdrücklich die Einschätzung Thielickes. Heim war nach Michels Ansicht sehr wohl und persönlich von den Problemen umgetrieben, die er in seinen Veröffentlichungen diskutierte. Auf der anderen Seite erhält die vorsichtige Distanz Thielickes durch Heims eigene Interpretation des Gleichnisses vom barmherzigen Samariter eine allerdings indirekte Bestätigung, denn Heim unterscheidet deutlich zwischen Person und Sachfrage:

> „Ja, an den Fragen dürfen wir vorbeigehen. Aber nicht an den Menschen, die an solchen Fragen zugrunde gehen. Der Priester und der Levit im Gleichnis hielten es für ratsamer, an dem, der unter die Mörder gefallen war, vorbeizugehen, um so schnell als möglich in Sicherheit zu kommen. Die Gegend war einsam. Hinter jedem Felsen konnten Mörder lauern. Aber Jesus will, daß wir selbst in der gefährlichsten Gegend verweilen, wenn ein Verwundeter dort liegt. Und so wollen wir uns aufmachen, um in die einsame Gegend des Zweifels zu gehen, um eine kurze Zeit dort zu verweilen, wo uns ringsum Fragen anstarren wie Felsen, hinter denen Mörder der Seele lauern. Viele möchten gern weitereilen, um so schnell als möglich ans Ziel zu gelangen. Aber gerade in dieser gefährlichen Einöde liegt ein Verwundeter. Den dürfen wir nicht liegen lassen.“

Auch *Friso Melzer,* ein enger Mitarbeiter Heims, charakterisiert die theologische Apologetik seines Lehrers als soteriologisch[15] und unterscheidet sie grundlegend von einer traditionellen Glaubensverteidigung, der es mehr um die defensive Festigung ihrer eigenen Positionen als um die offensive Gewinnung von Irrenden und Suchenden geht.

---

[15] *Soteriologie* ist die Lehre vom Heil und der Errettung des Menschen aus Sünde und Verdammnis. Unter *Apologetik* versteht man in der Theologie die intellektuelle Verteidigung des christlichen Glaubens gegenüber seinen Kritikern.

Insgesamt ist Heims literarisches Werk vom „WELTBILD DER ZU-
KUNFT"[16] an aus dieser diakonisch-soteriologischen Zielsetzung heraus
geschrieben, deren seelsorgerliches Bemühen auch in ihrer schriftlichen
Gestalt dialogisch strukturiert bleibt. Wer nicht mitleidet, versteht auch
nicht; wer nicht mitringt, missversteht. Als die allenthalben auftretende
geistige Not seiner Epoche von der Jahrhundertwende an bis zur Mitte
des 20. Jh. diagnostizierte Heim jene Form der Schizophrenie, bei der
das wissenschaftliche Erkennen und der persönliche Glaube auseinan-
dergefallen sind. Die therapeutische Absicht seiner Theologie besteht
darin, die Einheit von Glaube und Denken aufzuweisen. Auf diese Weise wird nicht nur der Wahrheit Gottes die Ehre gegeben, sondern auch
der Mensch in seinem intellektuellen Gewissen mit der Wissenschaft
versöhnt.

So gewiss jeder Theologe intellektuelle Redlichkeit schon um der von
ihm vertretenen Botschaft willen für sich in Anspruch nehmen muss,
so ist doch die brüderlich-solidarische Diakonie des Denkens nach dem
breiten Zeugnis seiner Hörer und Kritiker ein hervorragendes theologi-
sches Charisma Karl Heims gewesen. Ohne dieses Charisma bleibt seine starke Anziehungskraft als theologischer Lehrer auf Studenten aller
Fakultäten unverständlich.

---

[16] So lautet der Titel von Heims Frühwerk: *Das Weltbild der Zukunft. Eine Auseinandersetzung zwischen Philosophie, Naturwissenschaft und Theologie*, Wuppertal ²1980.

2. Von unsichtbarer Hand geleitet

2.1 Wie Bekehrung und Führung Heims Theologie bestimmen

> „Bei keinem Studium ist die wissenschaftliche Arbeit und das praktische Alltagsleben, das man führt, so unmittelbar miteinander verknüpft und voneinander abhängig wie beim theologischen. Bei jedem anderen Studium kann sich der Student seinem Stoff gegenüber innerlich etwas distanzieren. Er kann sein Studium mit dem Verstand betreiben, aber den Schwerpunkt seines Lebens irgendwo anders haben. Es kann etwa einen Juristen geben, der seinen Schwerpunkt in der Musik hat. Anders ist es bei der Theologie. Theologie können Sie nie mit dem Verstand allein, sondern immer nur mit dem ganzen Menschen studieren."[1]

Diese Einsicht der engen Verknüpfung von Biografie und Theologie gilt nicht zuletzt für Karl Heim selbst.

Karl Heim – ein Erbe des schwäbischen Pietismus

Karl Heim versteht sich als Erbe des schwäbischen Pietismus, in den er sich durch seine Familientradition hineingestellt sieht. „Auch auf dem höchsten Gebiet unseres Daseins, bei unserem Verhältnis zu Gott, gibt es nach der Bibel Erbzusammenhänge; es gibt einen Erbsegen und einen Erbfluch ‚bis ins dritte und vierte Glied und bis ins tausendste Glied'", schreibt der Dreiundachtzigjährige in seiner Autobiografie „Ich gedenke

---

[1] So zitiert in Karl Heims Ansprache vor Tübinger Theologiestudenten. Vgl. A. Köberle, *Theologie als Glaubenswagnis. Festschrift für Karl Heim zum 80. Geburtstag*, hrsg. von der Evang.-Theol. Fakultät in Tübingen, Hamburg 1954, S. 6.

DER VORIGEN ZEITEN" (S. 9f.). Im Blick auf seine Verwurzelung stellt er sich damit bewusst in die vom Pietismus und der Erweckungsbewegung geprägte Frömmigkeit seiner Familie. Er bezieht sich dabei besonders auf seinen Großvater, Magister *Jakob Heim* (1784–1850), den er zu den Schwabenvätern rechnet und als dessen geistiger Erbe er sich in besonderer Weise versteht. Heims Vater, *Christian Gottlieb* (1827–1907), der zweitälteste Sohn des Magisters Heim, führte seinerseits die kirchlich-theologische Linie des Vaters entschieden weiter und gehörte zum Schülerkreis um den Tübinger Theologen *Johann Tobias Beck* (1804–1878). Er war für den Sohn Karl die lebendige Brücke zu den pietistischen Vätern *Johann Christoph Blumhardt* (1805–1880) und *Ludwig Hofacker* (1798–1828).

Diese Tradition pietistischer Erweckungsfrömmigkeit ist für Heim durch die Begegnung mit dem Bahnbrecher der Evangelisation in Deutschland, *Elias Schrenk*, zu einer wichtigen Grunderfahrung seines Lebens geworden. Heim erlebte als Theologiestudent Schrenk zunächst bei Evangelisationsabenden in der Tübinger Stiftskirche und dann zum zweiten Mal bei einer Studentenkonferenz der *Deutschen Christlichen Studentenvereinigung* (DCSV) in Frankfurt/M. Bei beiden Begegnungen war es vor allem Schrenks Auslegung von Jesaja 43,18f., die ihn innerlich aufwühlte. Heim berichtet über seine Bekehrung unter der Kanzel Schrenks in Frankfurt:

„EIN KURZES, ABER BEFREIENDES UND ERQUICKENDES GESPRÄCH"

> „So bekam für mich jeder der inhaltsschweren Sätze von Schrenk noch einen zweiten Hammerschlag, daß er mir unvergeßlich eingeprägt wurde. Am andern Tag ging ich zu Schrenk. Es gab ein kurzes, aber befreiendes und erquickendes Gespräch, bei dem es zur bedingungslosen Kapitulation kam und damit zu dem radikalen Neuanfang, von dem Schrenk gesprochen hatte. Das war der schöpferische Neubeginn meines inneren Lebens. Als ich einige Tage später mit einem meiner Freunde Frankfurt verließ, um nach einer Fußwanderung durch das deutsche Mittelgebirge wieder nach Tübingen zurückzukehren, war mir, als wäre nicht nur in mir selbst etwas verändert worden, sondern als wäre auch

die ganze Natur, durch die wir wanderten, mitverwandelt worden."[2]

Dieses Bekehrungserlebnis des neunzehnjährigen Studenten war, wie er selbst betont, für seine weitere geistige Entwicklung maßgebender als die philosophische und theologische Ausbildung, die er in Tübingen genoss.

Theologie und Biografie

Der Vergleich zwischen universitärer Wissenschaft und Bekehrungserfahrung hat weitreichende theologische Konsequenzen. Mit seiner Bekehrung hat sich Heim nicht nur bewusst in die Frömmigkeitstradition des Pietismus gestellt, sondern Bekehrung bedeutet für ihn einen für das theologische Denken bestimmenden Akt der Erkenntnis. Einem Blinden werden unerklärlich und unverfügbar von einem Augenblick zum anderen die Augen geöffnet. Ein solches Wunder des Sehend-Werdens spielt für Heims Erörterung, wie Erkenntnis des Glaubens überhaupt zustande kommen kann, eine zentrale Rolle. Es handelt sich bei einem solchen Erkenntnisvorgang um die Eröffnung eines neuen Raumes der Wirklichkeit. Was Heim im ersten Teil seines Hauptwerkes „GLAUBE UND DENKEN" unter der Überschrift „Inhaltliche und dimensionale Erkenntnisweise" (S. 70-74) für die Wahrnehmung neuer Dimensionen innerweltlicher Realität beschreibt, hat seinen theologischen Erfahrungshintergrund im Erlebnis der Bekehrung und kann auch nur von daher sachgemäß verstanden werden: „In Räume kann man nur existierend hineintreten oder existierend drinstehen und dann daraus heraus wahrnehmen und denken."

Die Antwort, die Heim nach langen, oftmals skeptizistisch wirkenden Erörterungen der Erkenntnismöglichkeiten des Menschen im Allgemeinen und der Glaubensgewissheit im Besonderen gibt, muss

---

[2] HEIM, *Ich gedenke der vorigen Zeiten. Erinnerungen aus acht Jahrzehnten*, Hamburg 1957, S. 49.

eigenartig unbefriedigend wirken, wenn man keinen Zugang zu der Tatsache hat, dass Heim selbst in seiner Bekehrung als erkennendes Subjekt eine Erfahrung ganz eigener Art gemacht hat. Diese Erfahrung erschließt einen neuen Weg zum Glauben gerade auch für den kritischen Menschen.

Heim kann deshalb seine gesamte missionarische Theologie mit dem Hinweis auf die eigene Erfahrung begründen. Das Studium der Missions- und Kirchengeschichte ist dem persönlichen Erweckungserlebnis nach- und untergeordnet:

> „Alles, was ich hier über die theologische Grundlage des erwecklichen Zeugnisses gesagt habe, ist für mich nicht bloß das Ergebnis der Geschichte der Kirche und Mission. Es ist mir dadurch zur persönlichen Erfahrung geworden, daß ich während meiner Studentenzeit mitten in der Auseinandersetzung mit dem theologischen Liberalismus von der Erweckungsbewegung ergriffen wurde, die von dem gewaltigen Erweckungsprediger Elias Schrenk ausging."[3]

GEWÄHRS- UND VERTRAUENSMANN DES PIETISMUS IM BEREICH DER UNIVERSITÄTSTHEOLOGIE

So ist es kaum verwunderlich, dass Heim zeitlebens als Gewährs- und Vertrauensmann des Pietismus im Bereich der Universitätstheologie galt. Der Theologe *F.W. Kantzenbach* hat sicher Recht, wenn er bemerkt, dass der große Erfolg Heims bei den evangelischen Theologiestudenten während der dreißiger Jahre auf dessen pietistisch-erweckliche Grundhaltung zurückzuführen sei, denn viele von ihnen kamen damals aus den Landeskirchen, die von der Erweckungsbewegung erfasst waren.

Andererseits hat Heim umgekehrt auch theologisch stark befruchtend auf die erweckten Kreise eingewirkt und durch die Weite seines denkerischen Horizonts dazu beigetragen, sie vor einem Rückzug in ein intellektuelles Getto zu bewahren.

---

[3] HEIM, „Die dogmatische Grundlage des erwecklichen Zeugnisses in Pietismus und Theologie", in: *Pietismus und Theologie. Beiträge zu ihrer Verständigung,* hrsg. von O. SCHMITZ, Neukirchen 1956, S. 37.

Dass Heim jedoch die Beschränkung auf den Gesichtskreis des deutschen Pietismus schon in früher Jugend überschritten hat, hängt ganz wesentlich mit den Einflüssen der angelsächsischen Missions- und Erweckungsbewegung zusammen, der er sich öffnete. So haben ihn als Kind bereits die Berichte eines Onkels mütterlicherseits tief beeindruckt, der sich in London dem baptistischen Prediger *Charles Haddon Spurgeon* angeschlossen hatte und der in den Sommerferien regelmäßig für einige Wochen ins elterliche Pfarrhaus nach Frauenzimmern kam. Einen zweiten Impuls aus dem angelsächsischen Bereich erhielt er durch die Gestalt des Gründers der China-Inland-Mission, *Hudson Taylor*, den er bei dem Studentenkongress 1893 in Frankfurt kennenlernte und den er mit den Worten „eine wahrhaft apostolische Erscheinung" charakterisiert. Durch Taylor erwachte in dem Theologiestudenten ganz von selbst „der missionarische Drang". Eine Folge für Heim und die ihn nach Frankfurt begleitenden Kommilitonen war der Entschluss, in Tübingen einen missionarisch orientierten Kreis zu gründen, zu dem Studenten der verschiedenen Korporationen unverbindlich dazustoßen konnten, ohne dadurch mit ihren Verbindungen in Komplikationen zu geraten. Dieses offensive angelsächsische Element stieß auf strikte Ablehnung der herkömmlichen schwäbischen Studentengruppen und wurde von vielen als unliebsame Störung aufgefasst.

Persönliche Führungen

Die grundlegenden Impulse zur Mission, die Heim bei der Frankfurter DCSV-Konferenz empfing, erfuhren 1899 eine für seine weitere theologische Entwicklung folgenreiche Fortsetzung. Er wurde nach verhältnismäßig kurzem Gemeindevikariat und einem Lehrauftrag am kirchlichen Lehrerseminar Tempelhof bei Crailsheim zum leitenden Sekretär der *Deutschen Christlichen Studentenvereinigung* (DCSV) berufen. Die Bitte der DCSV führte Heim zunächst in große innere Zerreißproben, weil er sich einerseits als Dorfpfarrer ganz selbstverständlich in den Dienst seiner württembergischen Heimatkirche stellen wollte, ihn aber andererseits die Herausforderung der missionarischen Studentenarbeit nicht losließ.

Er sucht in seiner Unsicherheit darüber, was für ihn der Weg Gottes sei, einen alten, als geistliche Persönlichkeit bekannten Bauern auf, um dessen seelsorgerlichen Rat zu hören und zu befolgen.

Nachdem der Bauer in knapper Schlichtheit auf Grund des dargestellten Sachverhalts und entgegen Heims Erwartung die Weisung „Do muascht na" („da musst du hin")[4] erteilt hatte, entschied sich Heim für den missionarischen Reisedienst. Er kommentiert diesen Weg der Entscheidungsfindung in seiner Autobiografie mit den für ihn bezeichnenden Sätzen:

„Es war wie eine Weichenstellung, durch die der Bahnzug meines Lebens, der bisher in einer bestimmten Richtung gefahren war, auf einmal auf ein anderes Geleise geschoben wurde, in einer anderen Richtung einem neuen Ziel entgegen. Hätte mein Ratgeber ‚nein' gesagt, so wäre ich im Dienst der schwäbischen Landeskirche geblieben. Aber Gott hatte mit mir einen anderen Plan."[5]

Mit dem Bezeugen persönlich erfahrener Führung Gottes stoßen wir auf ein weiteres für Heim wesentliches Element des Glaubens. Heim berichtet immer wieder besonders angesichts wichtiger, für ihn unvorhersehbarer Entscheidungen seines Lebens von solchen direkten Eingriffen Gottes. In diesem Sinn kann Heim bei der Feier seines achtzigsten Geburtstags im Tübinger Schlatterhaus seine Berufung zum Inspektor am Schlesischen Konvikt in Halle in den Kategorien der Beauftragung eines Propheten umschreiben:

„Und dann geschah es mir wie bei der Berufung des Hirten Amos in Thekoa, der aus seinem Hirtendasein heraus ganz plötzlich in eine andere Richtung abgerufen wurde."[6]

---

[4] HEIM, *Ich gedenke der vorigen Zeiten*, S. 68.
[5] HEIM, *Ich gedenke der vorigen Zeiten*, S. 69.
[6] Tonbandnachschrift der Ansprache Heims im Archiv der *Karl-Heim-Gesellschaft*. Vgl. hierzu auch: HEIM, *Ich gedenke der vorigen Zeiten*, S. 91, und: H. TIMM, *Glaube und Naturwissenschaft in der Theologie Karl Heims*, Witten/Berlin 1968, S. 29.

Eine entsprechende Sicht seines Lebensschicksals begegnet uns bei Heim auch in der Bewertung seiner Berufung als Systematiker 1914 nach Münster und 1920 nach Tübingen.

Aber nicht nur in schwierigen beruflichen Entscheidungssituationen, sondern auch in anderen Lebensfragen findet sich bei Heim sehr massiv der Hinweis auf eine unverfügbare, ihm geschenkweise zuteilwerdende Erfahrung des Handelns Gottes. Heim unternahm 1922 mit dem ehemaligen Reichskanzler *Michaelis* eine Studienreise durch Ostasien. In Japan erkrankte Michaelis schwer und Heim berichtet in diesem Zusammenhang:

> „Von Michaelis' Erkrankung hatte auch der Tenno erfahren, und er schickte täglich seinen Leibarzt, um sich nach seinem Befinden zu erkundigen. Als die Krankheit einen gewissen Höhepunkt erreicht hatte, wurde es mir im Gebet geschenkt, daß ich am anderen Tage Frau Michaelis mit Glaubensgewißheit sagen durfte: Gott wird Ihren Mann am Leben erhalten."[7]

Auffällig an Heims Beschreibung solcher Führungen ist, dass er durchaus sein Verhalten vernünftig an innerweltlichen Maßstäben ausrichtet und gleichzeitig mit dem wunderbaren Eingreifen Gottes rechnet. So sucht er z. B. Ratgeber wie den alten schwäbischen Bauern oder auch den Kirchenhistoriker *Reinhold Seeberg* angesichts beruflicher Fragen auf. Die eigene Situation schätzt Heim im Fall der Berufung nach Tübingen durchaus realistisch und selbstkritisch ein. Im Falle der Erkrankung des Reichskanzlers Michaelis zieht er einen kompetenten Arzt hinzu. Diese Nüchternheit des Handelns hindert Heim aber keineswegs, in all diesen menschlichen Situationen darauf zu hoffen, dass Gott als der unsichtbare „Weichensteller" der Welt Gebete erhört, konkret hilft und führt.

RATIONALITÄT UND WUNDER: ZWEI PERSPEKTIVEN ZUR BESCHREIBUNG DERSELBEN WIRKLICHKEIT

Rationalität und Wunder sind für Heim dabei offensichtlich zwei Perspektiven zur Beschreibung ein und derselben Wirklichkeit. Entscheidend ist bei dieser Gegenüberstellung von Ratio-

---

[7] HEIM, *Ich gedenke der vorigen Zeiten*, S. 211.

nalität und Wunder, dass sie für Heim gerade keinen Gegensatz bilden. In allem natürlichen, scheinbar kausalen Geschehen ereignet sich in dynamischer Weise in jedem Augenblick neu der unverfügbare Wille Gottes, der die Welt jetzt so und nicht anders gestaltet.

Damit kommt das tiefer liegende Verständnis Heims in Bezug auf Führungen Gottes in den Blick. Das Widerfahrnis der Führung ist ähnlich wie das Ereignis der Bekehrung ein existenzielles Erleben, das nicht nur privaten, sondern universalen Charakter hat. Was sich in der Biografie eines kleinen, unbedeutenden Menschen ereignet, steht in einem unmittelbaren Entsprechungsverhältnis zum Weltgeschehen überhaupt. Es spiegelt also das kosmische Wirken Gottes in der Geschichte wider. Heim fasst das Fazit seines Lebensrückblicks in der Tatsache zusammen:

> „… daß ich bei allem Wechsel der Schicksale doch immer das deutliche Gefühl hatte, von einer unsichtbaren Hand geleitet zu sein, die mich zu einem Ziele führte, für das ich mich selbst niemals für geeignet gehalten hätte, für das mich aber Gott gebrauchen wollte. Diese persönliche Erfahrung im eigenen kleinen Leben hat mich dann aber zu der Überzeugung geführt, daß auch das große Geschehen der ganzen Weltgeschichte nicht eine Aufeinanderfolge von blinden Zufällen ist, auch nicht ein Zusammenspiel von Kräften, bei dem nach dem Recht des Stärkeren immer die stärkere Macht siegt und die schwächere unterliegt, sondern daß auch da die unsichtbare Hand waltet und die Ereignisse einem bestimmten Ziele zuführt, das einem höheren Plan entspricht."[8]

FÜHRUNG ALS GRUNDLEGENDE FORM THEOLOGISCHER ERKENNTNIS

Das Stichwort *Führung* ist also wiederum nicht nur Ausdruck pietistisch-schwäbischer Frömmigkeitstradition, sondern Schlüssel dafür, die Struktur der Wirklichkeit überhaupt offen zu legen. Nach Heims Verständnis vollzieht sich nämlich alles Geschehen in Natur und Geschichte in einem ständigen, dynamischen Prozess des Werdens. Der einzelne Mensch erfährt in diesem Prozess die Begegnung

---

[8] HEIM, *Ich gedenke der vorigen Zeiten*, S. 302f.

mit dem unmittelbar in der Gegenwart handelnden Gott. *Führung* ist damit ebenfalls eine grundlegende Form theologischer Erkenntnis, durch die sich das Verhältnis von Gott und Welt, von Philosophie und Theologie erschließt.

2.2 Heims Persönlichkeit im Licht zeitgenössischer Beobachtungen

Der spätere Erlanger Professor *Walter Künneth* schildert in seinen „Lebensführungen" die erste Begegnung, die er als Student mit Heim hatte:

> „Karl Heim sah ich zum erstenmal bei seiner Vorlesung im Auditorium maximum der alten Aula. Er war eine mittelgroße, vornehme Erscheinung, tadellos gekleidet. ... Seine Kopfform, sein kahler Schädel mit dem kleinen gepflegten Spitzbart erinnerte mich etwas an das Bild Lenins, womit freilich jeder weitere Vergleich sein Ende findet. Durch die Brille blitzten große, warmherzige Augen, die Scharfsinn und zugleich Güte ausstrahlten. Er sprach ruhig, langsam, ohne jede Emotion in sachlicher Klarheit, wobei sein leicht schwäbischer Akzent nicht störend wirkte. Seine tiefgründige Gelehrsamkeit wurde immer wieder transparent für seine eigene Glaubensüberzeugung und persönliche Frömmigkeit. Jede Kollegstunde wurde bei ihm zu einem eindrucksvollen Erlebnis."

Pfarrer *Alfred Ringwald* berichtet aus seiner Studentenzeit über die Weltoffenheit und die vielfältigen menschlichen Kontakte, die Heim pflegte. Das weite Spektrum seiner Interessen machte Heim für viele Studenten besonders anziehend:

> „Wenn man Professor Heim besuchen durfte, er hatte merkwürdig viel Zeit und Herz für seine Studenten und lud sie häufig zu Teeabenden und Aussprachen ein. Dann konnte man bei ihm meist uns Theologen überraschend ungewöhnlichen Persönlich-

keiten begegnen, etwa einem jüdischen Rabbiner oder einem modernen Maler, einem japanischen Samurai (adliger Offizier), der Christ geworden war, oder einem nur schwäbisch sprechenden Bauern von der Alb, dessen geprägtes Gesicht uns seltsam anzog; er stellte uns einen schwarzen Prediger aus Afrika vor oder einen Evangelisten des Blauen Kreuzes oder einen ehemaligen chinesischen Offizier, der als CVJM-Sekretär um die Erde reiste, natürlich auch oft Professoren aller Fakultäten mit berühmten Namen oder erstaunlicherweise auch Theologen der verschiedensten, oft widersprechenden Richtungen."[9]

„ER WAR HEITEREN WESENS BEI ALLER EINFÜHLSAMKEIT IN DAS UNSÄGLICHE LEID DER WELT."
(ADOLF KÖBERLE)

Der Nachfolger auf Heims Lehrstuhl in Tübingen, *Adolf Köberle*, berichtet aber auch von tiefen, inneren Gegensätzen in Heim: „Er war heiteren Wesens bei aller Einfühlsamkeit in das unsägliche Leid der Welt."[10] Die Widersprüchlichkeit der Welt und des menschlichen Lebens spiegeln sich durchgängig in Heims theologischem Denken. In dem von Heim oft verwendeten Begriff der Polarität spiegelt sich etwas von der Dissonanz zwischen Lebensfreude und seinem tiefverwurzelten Hang zur Schwermut. Heims Liebe zu *Sören Kierkegaard* und zur Philosophie des Existenzialismus sowie die spannungsreiche und widersprüchliche Faszination, die Heim gegenüber dem Buddhismus empfand, lassen einiges von diesen Gegensätzen in ihm selbst ahnen. Die Spannungen in Heims Wesen lassen sich anhand von zwei Charakterzügen, die Köberle festgehalten hat, gut erkennen. Zum einen:

„Über Heims denkerischer Energie wird allzu leicht die musisch-poetische Begabung übersehen, die ihm von dem mütterlich-schwäbischen Erbe her im reichen Maß zuteil geworden war.

---

[9] A. RINGWALD, *Karl Heim. Ein Prediger Christi vor Naturwissenschaftlern, Weingärtnern und Philosophen. Ein Erinnerungsbild, von seinem Schüler Alfred Ringwald gestaltet* (in: Gotteszeugen. Eine Schriftenreihe für Jugend und Gemeinde), Stuttgart 1980, S. 3f.

[10] A. KÖBERLE, „Das schwäbisch-spekulative Erbe Karl Heims", in: *Theologische Beiträge* Nr. 5 (1974), S. 22.

Schon in seiner äußeren Erscheinung hatte Heim etwas Künstlerisches. Er kleidete sich gern in helle Farben, während es damals noch weithin üblich war, daß Theologieprofessoren ihre Vorlesungen im schwarzen Gehrock hielten. Heim war ein ausgezeichnet trainierter Schwimmer, Schlittschuhläufer, Wanderer und Bergsteiger. Er hatte viel Sinn für Humor und konnte herzlich lachen. Zeichnen und mit Ölfarbe malen waren in freien Mußestunden seine Lieblingsbeschäftigungen. Es gibt Bilder von ihm, im Stil des französischen Impressionismus geschaffen, die sich durchaus sehen lassen können."[11]

Und zum anderen redet Köberle gegenläufig zu dieser Charakterisierung von schweren seelischen Verletzungen, die Heim durch pädagogisch unfähige Erzieher zugefügt wurden und die zeitlebens einen düsteren Grundzug in seine Persönlichkeit eingegraben haben:

„Zu der Kammer des persönlich Unbewußten gehören freilich auch die Verängstigungen der Kindheit und Jugend. Die Schreckerlebnisse kamen in diesem Fall nicht von den Eltern, dafür um so reicher von den Erziehern der damaligen Zeit. Um das gefürchtete und ersehnte Landexamen zu bestehen, das die Tür zu einer völlig kostenlosen Ausbildung bis zum Abschluß des Hochschulstudiums zu öffnen vermochte, kam der Achtjährige 1882 für sechs lange Jahre unter die Zuchtrute des ‚Eisernen Rektors' von Kirchheim/Teck, der ein Prügelpädagoge vor dem Herrn war. Heim hat noch im hohen Alter diese Zeit demütigender Erniedrigung verwünscht und keinen Zweifel darüber gelassen, daß damals etwas in ihm zerbrochen wurde, wovon er sich seelisch nie mehr ganz zu befreien vermochte. Noch in der Zeit um 1900 galt eine harte Pädagogik als wünschenswert, ja als unerläßlich. Gewiß kann ein junges Leben auch durch Verwöhnung und Verhätschelung in der charakterlichen Struktur verdorben werden. Aber ungleich größer ist doch der Schaden, der von einer autoritären

[11] A. Köberle, „Karl Heim. Gesamtbild der Persönlichkeit", in: *Deutsches Pfarrerblatt* Nr. 74 (1974), 2. Ausg., S. 39.

Machtausübung in der Richtung von Entmutigung und Verschüchterung ausgeht. Als Studenten war es für uns gelegentlich ein Enttäuschungserlebnis, daß Heim bei öffentlichen Diskussionen im geistigen Ringen nicht forscher, nicht kämpferischer auftrat, daß er entweder überhaupt schwieg oder nur schüchtern seine Einwände vorbrachte. Erst Tage danach vermochte er, aus viel Stille geboren, dann allerdings überlegen, im Kolleg Antwort zu geben. Keiner von den vielen jungen Hörern konnte damals ahnen, wie der Grund zu dieser gehemmten Zurückhaltung in schmerzlichnegativen Jugenderlebnissen seinen Ursprung hatte."[12]

Erhellende Einsichten gibt in z.T. humorvoller Weise Heims letzter Assistent an der Universität Tübingen, *Friso Melzer,* wieder. Melzer hat einige seiner Anekdoten gesammelt und der Karl-Heim-Gesellschaft zur Verfügung gestellt. Aus diesen Texten sind exemplarisch hier einige auswählt:

Interdisziplinäres Gespräch

So sagt man heute. Aber das gab es schon vor 70 Jahren an der Tübinger Universität, nämlich in der sogenannten „Dienstags-Gesellschaft". Jede Woche trafen sich am Dienstag Abend auserwählte Professoren aller Wissenschaften, und jedesmal hielt einer von ihnen aus seinem Gebiet einen Vortrag, der über die Fachgrenzen hinausführte. Heim ließ es sich nicht nehmen, regelmäßig diese Zusammenkünfte zu besuchen.

---

[12] A. Köberle, *Das schwäbisch-spekulative Erbe Karl Heims,* S. 15.

Zwillinge!?

Im Sommersemester las Heim außer seiner ständigen systematischen Vorlesung noch ein zweistündiges „Publikum", d. h. eine Vorlesung für Hörer aller Fakultäten, über „Christentum und Naturwissenschaft" oder auch über Schleiermacher.

In einer Vorlesung über den Theologen Friedrich Schleiermacher kam Heim auf dessen Herkunft zu sprechen. Er wies darauf hin, daß Schleiermachers Vorfahren aus einer religiös sehr bewegten Gegend in Westdeutschland stammten. Dort glaubten weite Kreise an die baldige Wiederkunft Jesu. „Es ward auch", so sagte er, „bald eine Jungfrau gefunden, die den Wiederkommenden gebären sollte. Aber als es soweit war, gebar sie – Zwillinge." Das gab aber ein Beifalltrampeln.

Die Reckstange

In seiner Ethikvorlesung legte Heim dar, entscheidend sei nicht die Tat selber, sondern das Motiv, aus welchem Beweggrund gehandelt werde. So könne – jedesmal gewiß überaus hilfreich – einem Kranken geholfen werden: entweder um des Lohnes willen, der dafür bezahlt werde und den die Schwester für ihren Lebensunterhalt braucht, oder aber, damit dem Kranken wirklich selber geholfen werde (dies sei die eigentlich christliche Haltung der Nächstenliebe), oder aber der Kranke diente nur als Reckstange, an der sich die Schwester in den Himmel emporturnt, d. h. ihr Dienst solle als „gutes Werk" beim Jüngsten Gericht für sie sprechen. Auch hier wieder erfrischender Beifall der Hörerschaft.

Heilsgewissheit

Als Heim einmal die Bibelkritik besprach, in der menschlicher Verstand sich zum Richter aufwirft, setzte er, der gewiß etwas von Schriftauslegung verstand, überspitzt jenen Bemühungen der historisch-kritischen Schule ein Bekenntnis entgegen, das er niemals im Druck wiederholt hat, das ich aber – war ich doch beim Hören erschrocken, aber zugleich beseligt – nie vergessen habe: „Wenn jemals bewiesen werden könnte, die Evangelien seien Produkte menschlicher Einbildungskraft, seien Poesie, dann würde ich sagen: Dann werden wir eben durch Dichtung selig, aber selig werden wir durch das und nur durch das, was sie bezeugen, gewiß."

„Wir alten Knaben"

Zu Adolf Schlatters 80. Geburtstag 1932 brachte die theologische Fachschaft dem hochgeehrten Professor einen Fackelzug dar. Auf dem Rückweg kamen sie durch die Platanenallee auch zu Heim: Gegenüber seiner Wohnung machten sie Halt und grüßten Heim.

Frau Heim hatte dafür gesorgt, daß ihr Mann zu Hause war. So trat er auf den Balkon und antwortete: „Wir alten Knaben stehen manchmal über Kreuz, dennoch sind wir im Wesentlichen einig. So ist es schön, daß Sie diese Einigkeit auch durch den Fackelzug ausdrücken, durch das Licht, das uns verbindet."

Was lag dem allem zugrunde? Schlatter und Heim hatten zwar gemeinsam bei der Begründung der politischen Bewegung des „Christlichen Volksdienstes" mitgewirkt, durch die der schwäbische Pietismus auch politisch verantwortlich tätig wurde. Aber in den Fragen des Menschenbildes unterschieden sie sich. Vor allem hatte Schlatter 1931 mit seiner Kritik an Heims Philosophie anläßlich des Werkes „Glaube und Denken" Heim verletzt. Nicht durch die Kritik als solche – obgleich Schlatter Heim überhaupt nicht verstanden hat, wie er auch schon Kant nicht verstanden hatte –, sondern weil er vor der Veröffentlichung kein Wort zu Heim gesagt hatte; dabei saßen die beiden Herren jeden Monat einmal zu einem Kaffee-Gespräch beieinander.

Doch der Fackelzug versöhnte Heim wieder. Zeigte er doch, daß die Studenten sich nicht gegen Heim stellten.

„Zu Ende denken"

In seiner Vorlesung Dogmatik I führte Heim seine Hörer durch alle Weltanschauungen, Philosophien und Religionen und zeigte auf, an welcher Stelle auf jedem dieser Wege etwas

> „WIR MÜSSEN DEN GEDANKEN ABER ZU ENDE DENKEN."

erkannt worden sei, das auch uns angehe, wies aber auch nach, wie die jeweilige Erkenntnis verdunkelt worden war. Dabei bediente er sich der Wendung: „Wir müssen aber den Gedanken zu Ende denken, den Weg zu Ende gehen, der hier beschritten worden ist."

Zunächst schilderte Heim aber sehr eindrücklich, was sich in den verschiedenen Weltanschauungen an bedenkenswerter Erkenntnis zeigt, so daß wir Jungen ängstlich wurden, weil wir nicht wußten, wie darauf zu antworten sei. Und oftmals war die Vorlesung aus Zeitgründen beendet, und wir blieben mit unserer Frage allein. Gespannt erwartete man dann, wie Heim in der nächsten Stunde die Frage lösen würde, und atmete befreit auf, wenn er sagte: „Wir müssen den Gedanken aber zu Ende denken."

„Wo ich hier stehe ..."

Als Heim einmal auf Tragik zu sprechen kam, machte er deutlich, wie niemand tragischen Verwicklungen entgehen könne. Er sagte: „Wo ich hier stehe, könnte manch ein anderer auch stehen, und mancher würde so gern diese Stelle innehaben. Indem aber ich hier stehe, kann er nicht seinen Wunsch erfüllen und muß leiden. Es gibt keinen Dienst, durch den wir nicht andere – trotz aller Bereitschaft zu helfen – leiden machen." Solche Einsicht führte Heim zu dem Satz: Durch die ganze Struktur dieser Welt ziehe sich ein tiefer Riß, der bis zum Jüngsten Tage bleiben werde. Erst „die neue Welt Gottes" werde von dieser Tragik frei sein.

Hunderte von Zimmern bleiben leer

Im Wintersemester 1931/32 hatte Heim zum ersten Mal ein Freisemester. Er hatte es beantragt und bewilligt bekommen, damit er den Band „Glaube und Denken. Philosophische Grundlegung einer christlichen Lebensanschauung" schreiben konnte. Das war der erste Band des sechsbändigen Werkes „Der evangelische Glaube und das Denken der Gegenwart. Grundzüge einer christlichen Lebensanschauung".

Doch dieses Freisemester Heims hatte ungeahnte soziale Folgen. Weil Heim keine Lehrveranstaltungen hielt, sind Hunderte von Theologie-Studenten nicht nach Tübingen gekommen. Damit seien entsprechend viele Zimmer nicht besetzt worden. Da habe das Rathaus eingegriffen und die Beamten, die Zimmer vermieteten, gebeten, sie möchten erst vermieten, wenn die sonstigen Einwohner vermietet hätten, die davon lebten. Die Beamten seien doch durch ihr Gehalt versorgt. Und Heim meinte ganz bekümmert: „Aber ich muß dieses Freisemester doch nehmen, denn wie hätte ich sonst das Buch schreiben können!?"

Rettende Nächstenliebe

Im Wintersemester 1931 oder 1932 las Heim wieder einmal über den ersten Korintherbrief. Da kam ein Hörer, um Geld zu machen, auf den Gedanken, er wolle eine Nachschrift anfertigen und an Kommilitonen verkaufen. Heims Assistent erfuhr davon und meldete seinem Chef diesen Versuch, einen geistigen Diebstahl zu begehen. Auf solche Missetat hätte Verweisung von der Universität gestanden. Was aber tat Heim?

Ihn jammerte des armen Studenten. So verfügte er: Die Nachschrift dürfe erscheinen, aber sie müsse ohne Gewinn abgegeben werden. Der Assistent hatte die Sache zu überwachen.

Nach 1945 durfte ich diese Nachschrift nach erneuter Bearbeitung als Buch herausbringen. Eine zweite Auflage erschien 1987 im Brunnen Verlag: „Die Gemeinde des Auferstandenen".

Ein „periodischer Bruch"

Der Professor las im Großen Hörsaal über „Christentum und Naturwissenschaft". Der Andrang war so groß, daß zwei weitere Hörsäle dazugenommen werden mußten. Damit kein Gedränge entstehe, schlug der Assistent vor, Platzkarten auszugeben. Der Professor stimmte zu, der Assistent schlug einen Sitzplan an und teilte die Sitzkarten für das ganze Sommersemster aus. Alle Studenten folgten, nur drei wollten lieber auf dem Fußboden sitzen als sich der Ordnung fügen, die jeden an manchen Tagen in einen bloßen Hörsaal verbannte, dann aber auch einen Sitz im Hör- und Seh-Saal gewährte.

Eine himmlische Stimme

Wenn Professor Heim seine Vorlesung „Christentum und Naturwissenschaft" hielt, war der Andrang so groß, daß zwei weitere
Hörsäle dazugenommen werden mußten. Es wurden an Studenten sogar Platzkarten verteilt.

Einmal war vergessen worden, die Lautsprecheranlage der Vorlesung auszuschalten. Der Philosoph Prof. Haering las am folgenden Tag in einem der Hörsäle. An diesem Tag las Heim über
Dogmatik, und bei dieser Vorlesung genügte ein Hörsaal.

Als der Philosoph beginnen wollte, ertönte aus dem Lautspre-
cher Heims Stimme, der seine dogmatische Vorlesung begann.
Da sagte der Philosoph unter dem Beifall der Hörer: „Wenn von
dort oben eine himmlische Stimme erklingt, muß der Philosoph
schweigen."

Geldhilfe

Als ich im Herbst 1930 nach Tübingen kam, hatte ich nur 70 RM
bei mir. Da erfuhr ich, daß mein Dienst als Assistent erst ein halbes Jahr später beginnen könne, denn mein Vorgänger, Dr. En-
gelland, wolle sich erst noch habilitieren, und er brauche das Gehalt zum Leben. Heim fragte mich, wie ich geldlich versorgt sei.
Meine Antwort: „Ich habe 70 RM mitgebracht, werde aber mit
der Feder das Nötige dazuverdienen" (Berichte über Vorträge in
der Zeitung „Tübinger Chronik" sowie Aufsätze in den Zeitschriften „Furche" und „Eckart"), nur – für die Zimmermiete feh-
le mir das Geld (70 RM für 6 Monate in einem Doppelzimmer
mit meinem Freunde Paul Ernst in der Altstadt bei einem Bauern). Was tat Heim? Zur Weihnacht erhielt ich eine Schale mit

Gebäck und darunter in einem Umschlag 70 RM „als Vorauszahlung für die Neuordnung seiner Bücherei im März". Übrigens ließ er mir auch einen dunklen Anzug machen, damit ich für feierliche Anlässe standesgemäß auftreten konnte.

Und zum Schluß, nachdem ich im SS 1933 das Proseminar gehalten hatte, erhielt ich – unerwartet – gegen die Gepflogenheit der anderen Professoren, die ihren Assistenten für das Abhalten eines Proseminars nichts gaben, ein Honorar. Was heißt das genau? Für eine Wochenstunde das Semester hindurch mußte damals der Student einen bestimmten Betrag an die Universität bezahlen. Davon erhielt der Professor die Hälfte.

Heim gab mir, was sonst dem Professor zukam: für 120 Studenten 120 mal 3 RM. So bekam ich den ungeheuren Betrag von 360 RM. Man muß aber bedenken, daß unsere Lage so aussah: Als Assistent waren mir monatlich 200 RM in Aussicht gestellt worden. Aber genau zum Antritt meines Dienstes kam zum 1. April 1931 Brünings Erste Notverordnung und kürzte die Besoldung des unständigen, nichtbeamteten Assistenten um 25 %. Die Pforten der Banken und Sparkassen wurden geschlossen, die eisernen Gitter gingen herunter und öffneten sich nur zu gewissen Stunden. Es war große Not: Die Regierung wollte nicht in die roten Zahlen kommen, daher diese Kürzung! Und in dieser Lage erhielt ich unerwartet 360 RM – durch Professor Heims Güte!!!

Heim im Kirchenkampf 1933

Mehrere Professoren der theologischen Fakultät hatten in besonderen öffentlichen Vorträgen aus ihrer Sicht für Hitler und seine Pläne gesprochen, hatten sich für die „Deutschen Christen" erklärt. Das bereitete Heim großen Schmerz. Seine Art war jedoch nicht, die Arena öffentlichen Kampfes zu betreten. Wohl ließ er sich aber von seiner Frau und seinem Assistenten dazu bringen, daß er eine Vorlesungsstunde dazu nehmen wollte, auf die verschiedenen Reden der Kollegen zu antworten. Der Assistent hatte natürlich nichts Eiligeres zu tun, als dies herumzureden. So fanden sich so viele Hörer ein, daß wir in den Festsaal der Universität mit seinen rund eintausend Plätzen umziehen mußten. Und dann kam Heims Rede, in gewohnter stiller und schlichter Weise gesprochen.

Heim widersprach seinen Kollegen und nannte sie sogar z.T. bei Namen. Unvergeßlich, wie er dem Kirchenhistoriker Rückert antwortete: „Herr Kollege Rückert, der große Luther-Kenner, hat in seinem Vortrag das angeführte Luther-Zitat aber nicht bis zu Ende vorgelesen, denn im Folgenden steht etwas ganz anderes, als was er gefolgert hat." Und so ging es weiter, Schlag auf Schlag. Leider konnte dieser Vortrag nicht wortgetreu veröffentlicht werden, der Furche-Verlag wäre wahrscheinlich gleich geschlossen worden. So erhielt die Öffentlichkeit nur einen harmlosen Text unter dem Titel „Deutsche Staatsreligion oder evangelische Volkskirche?"

3. Wetterleuchten der Apokalypse

3.1 Der Kulturschock eines Berufsmissionars

Heim war 1899 als Reisesekretär in die *Deutsche Christliche Studenten-vereinigung (DCSV)* berufen worden, weil man in ihm einen jungen Theologen mit breiten intellektuellen Interessen gefunden hatte, der aus der geistlichen Tradition der Erweckungsbewegung kam, und aus eigener Überzeugung missionarisch arbeiten wollte. Heim nahm den Ruf an, hielt Vorträge an fast allen deutschen Universitäten und technischen Hochschulen und kümmerte sich seelsorgerlich um die Hochschulgruppen der Vereinigung.

Erfahrungen missionarischer Basisarbeit

Durch diese Aufgabe missionarischer Basisarbeit wurde er auch selbst in seinen theologischen Fragen weitergeführt und vertieft. Der unmittelbare Zusammenstoß mit dem Lebensgefühl und Selbstverständnis einer säkularen Gesellschaft, die nach seinem Eindruck das christliche Erbe hinter sich gelassen hatte, wirkte nachhaltig auf ihn. Sowohl emotional als auch intellektuell trug der Dienst bei der DCSV wesentlich dazu bei, die Richtung seiner späteren theologischen Forschung zu prägen. Gewiss hat ihn die Spannung zwischen dem erwecklichen biblizistisch orientierten Christentum einerseits und der geistigen Situation um die Jahrhundertwende andererseits schon sehr früh beschäftigt. Aber sie wurde durch die direkte, tagtägliche Konfrontation mit den Problemen der Zeit von einer primär theoretischen Ebene nun auf die Ebene der praktischen Bewährung gestellt und damit entscheidend verschärft und zugespitzt. So gesehen stellt Heims Theologie insgesamt das lebenslange Bemühen dar, die im Dienst der DCSV umfassend erlebte Auseinandersetzung zwischen christlichem Glauben und Säkularismus durch intellektuelle Klärung aufzuarbeiten.

Aufschlussreich sind in diesem Zusammenhang die DCSV-Mitteilungen, die den Erfahrungshintergrund Heims anschaulich schildern. In diesen Mitteilungen schreibt Heim sehr offen von der inneren Einsamkeit und den Anfechtungen, mit denen er in der Studentenarbeit fertig werden musste. Zwei Dinge beschäftigen ihn hierbei besonders: Einerseits erlebt er die Gleichgültigkeit gegenüber der Wahrheitsfrage. Zum anderen macht ihm die ungehemmte Selbstdarstellung einer evangeliumsfeindlichen Kultur zu schaffen. In einem Brief, der in der Ausgabe vom 7. Juli 1900 (Nr. 28, S. 2) abgedruckt ist, vermerkt Heim:

„Eben komme ich von Prag und Breslau, aus der Arbeit auf dem schwierigen Boden der Großstädte. Wenn man so einige Tage lang die unruhigen Straßen und die hohen, dunklen Mietskasernen und Hinterhäuser nach Studentenwohnungen durchsucht, so dringen auf einen von allen Seiten in erdrückender Masse die Bilder des Unglücks und des Lasters ein, das sich in diesen Zentren unserer modernen Kultur entsetzlich angehäuft hat. Wenn man sieht, wie hier eine schwache Greisin unter ihrem Tuchballen todmüde durch das Menschengewühl wankt, ohne daß ihr auch nur jemand mitleidig nachsieht, und dort ein blasses Kind allzufrüh wie ein Zugtier vor einen Warenkarren gespannt ist, oder wenn einem zwischen der fünften und sechsten Etage ein paar Worte aus einer zweideutigen Unterhaltung ans Ohr schlagen, so fühlt man sich mit der seligen Botschaft vom Heiland im Herzen wie ein Einsamer im Feindesland, ganz allein gegenüber einer geschlossenen Macht von Sünde und Elend. Brüder, wir müssen dieser konzentrierten Macht, in deren Bereich wir alle leben, konzentriert begegnen."

Aus der Art, wie Heim seinen Reisedienst bei der DCSV wahrnahm, ist ersichtlich, dass er den Begriff *Mission* bereits in einem umfassenden Sinn als glaubenweckende Verkündigung in einer nichtchristlichen Welt verstand. Zu der nichtchristlichen Welt gehörten für ihn nicht nur die Kontinente Afrika und Asien, sondern ebenso das säkularisierte Europa.

Die Vorstellung einer sogenannten *äußeren Mission*, die um die Jahrhundertwende noch weithin als exklusive Aufgabe des christlichen Abendlandes an den Heiden verstanden wurde, überwand Heim bereits damals durch den universalen Aspekt der Weltmission in allen Kontinenten. Wiederum sind es Überlegungen des Berufsmissionars Karl Heim, die dieses Missionsverständnis anhand praktischer Erfahrung illustrieren:

DAS SÄKULARISIERTE EUROPA IST MISSIONSGEBIET.

> „Wenn wir den Versuch trotzdem machten, in die vom satten Liberalismus und feuchtfröhlicher Lebensfreude erfüllte Welt der damaligen deutschen Universitäten die Botschaft vom Gekreuzigten hineinzutragen, so konnte das von Anfang an nur Missionsarbeit im eigentlichen Sinne des Wortes sein, verbunden mit allen Mühsalen und Enttäuschungen, wie sie etwa ein Missionar draußen auf dem harten Boden einer hochentwickelten heidnischen Kultur erlebt. Wie manchmal stand ich, wenn ich etwa an einer Technischen Hochschule durch Maueranschlag zu einem möglichst ‚aktuellen' Thema eingeladen hatte, vor fast leeren Bänken!
>
> Die Leute, die man zunächst erreichen und in kleinen Häuflein sammeln konnte, waren, wie das meist bei der Missionsarbeit der Fall ist, die Mühseligen und Beladenen, etwa einer der damals seltenen armen Studenten, der es sich nicht leisten konnte, in eine Verbindung einzutreten, oder ein gescheiterter Korpsstudent, der sich durch Alkohol ruiniert hatte und nun ‚in sich schlug', wie der verlorene Sohn im Gleichnis. Die ersten kleinen Bibelkreise, die auf diese Weise in den Universitätsstädten entstanden, glichen darum kleinen Missionsgemeinden mitten in einer heidnischen Welt."[1]

---

[1] HEIM, „Die Frage nach dem Bekenntnis in der Geschichte der DCSV", in: *Mitteilungen der Deutschen Christlichen Studentenvereinigung* Nr. 407 (Juni 1936), S. 160f.

Heims Interpretation seiner Gegenwart

Derartige Anfechtungen werden für Karl Heim zum Anlass, die geistesgeschichtliche Situation der abendländischen Kultur in einem umfassenden heilsgeschichtlichen Zusammenhang zu sehen und zu beurteilen.

Er zeichnet das Panorama einer geistig-kulturellen Landschaft, die in schwarzer Gottesfinsternis versinkt: „Wer nach Jesu Rat die Wetterzeichen der Zeit studiert, dem drängt sich die Beobachtung auf: Gedanken, die bis ins 18. Jahrhundert nur von einsamen Weisen gedacht wurden und wie seltenes Gold unter den Reichen am Geist von Hand zu Hand gingen, brechen in unserer Zeit wie Lavaströme aus dem Erdinnern, wo sie bisher verborgen geglüht, weite Gebiete des Volkslebens und der Literatur wie mit einer zündenden Masse überschüttend.

Was einst wie dünne feuchte Luft durch die ganze geistige Atmosphäre verteilt war, das zieht sich jetzt zu schweren Wolken zusammen, die sich in einem Regen von Zeitschriften und Flugschriften und in donnernden Reden auf Propagandaversammlungen entladen. Was einst wie eine dünne ruhende Schneeschicht den Boden bedeckte, das kommt jetzt ins Rollen, wird Bewegung, ballt sich in wachsender Vereinsbildung zur Lawine, die verheert, was sie nicht mitreißt. Man denke an die Tolstoi-Sekte in Russland, an die Goethe-Verehrer, an die Wagner-Gläubigen, die nach Bayreuth wie nach ihrem Mekka pilgern."[2]

Diese Einschätzung der Lage ist angesichts des sonst um 1900 verbreiteten Fortschrittsoptimismus recht bemerkenswert und unterstreicht deutlich, wie tief Heim durch seine pietistische Herkunft von der Denkungsart der liberalen Theologie geschieden war. Der aufgeklärte Protestantismus huldigte dem kulturellen und gesellschaftlichen Fortschritt,

---

[2] HEIM, *DCSV-Mitteilungen* Nr. 2 (Mai 1901), S. 1f.

weshalb man seine Haltung als *Kulturprotestantismus* beschreibt. Für Heim jedoch sind es Dimensionen des apokalyptischen Endkampfes zwischen der Gemeinde des Christus und der Welteroberungsstrategie des Antichristentums, die sich inmitten einer kulturell glanzvollen Epoche abzeichnen.

Mit der Einschätzung seiner Gegenwart als apokalyptischer Bedrohung der Heilsgemeinde nimmt Heim die Tradition des alten württembergischen Pietismus auf, für den *Johann Albrecht Bengels* (1687–1752) Lehre von der *Heilsökonomie*, d. h. der stufenweisen Abfolge der göttlichen Offenbarung, besonders wichtig ist. Bengels Auslegung der Johannesoffenbarung hat in diesem Zusammenhang für die Beurteilung der Zeitzeichen großes Gewicht. Typisch für eine solche theologische Deutung der Geschichte ist die Vorstellung von einem im Weltlauf wirksamen apokalyptischen Gefälle, das sich unumkehrbar in den Ereignissen vor der Wiederkunft Christi verstärkt. In diesem Sinne deutete auch Heim die Zeichen der Zeit: Wie magnetische Feldlinien verdichten sie sich auf das Ende der Welt hin. Die Konturen des Frevels gewinnen quantitativ ein bislang ungekanntes Ausmaß, indem sie die breite Masse der Bevölkerung umfassen, und erhalten qualitativ eine die Christenheit verletzende Schärfe, die ohne historisches Beispiel ist. Die Gottlosigkeit in der modernen Welt nimmt zwar unterschiedliche weltanschauliche Formen an, die aber gerade durch ihr Zusammentreffen verheerend wirken. In dem Prozess der Endgeschichte brechen die inhaltlich bislang nur von den intellektuellen Führungsschichten vertretenen Ideologien bei weiten Teilen der Bevölkerung durch und setzen die Massen in Bewegung. Sie gewinnen darin antichristlichen Charakter, dass sie in ihrer Propaganda und ihren Gemeinschaftsformen zum Teil sogar typische Lebensäußerungen der Kirche aufnehmen, aber sich durch ihre christusfremden bzw. sogar christusfeindlichen Inhalte gegen die Gemeinde kehren.

In seinem Aufsatz „RELIGION UND MODERNES GEISTESLEBEN" deutet Heim die erste Hälfte des 20. Jh. als Epoche eines radikalen Traditionsbruchs, der tiefer reicht als die Umwälzungen der Renaissance, der Reformation und der Aufklärung. Denn in den genannten Umbrüchen blieben die Grundlagen der christlichen Kultur Europas als fester Bestand des Lebens und Denkens erhalten. Demgegenüber erkennt Heim in den geistigen und zivilisatorischen Vorgängen seiner Gegenwart den Zusammenbruch des christlichen Erbes und dessen drohende Vernichtung.

Die Entwicklung vom klassischen Atheismus zum säkularen Nihilismus

Im Einzelnen sieht Heim folgende geistesgeschichtliche Entwicklung: Für den Menschen der Aufklärung gehörte zwar Luthers Frage nach dem gnädigen Gott längst der Vergangenheit an, aber man beschäftigte sich in scharfsinnig geführten philosophischen Beweisgängen mit der Frage nach der Existenz Gottes, die bis zu dieser Zeit kaum radikal in Frage gestellt worden war. Auch die Religionskritik des 19. Jh. setzte mit ihrem kämpferischen Atheismus die Rede von Gott immerhin noch als diskussionswürdig und verstehbar voraus. Sie steht damit im radikalen Gegensatz zum modernen Säkularismus, für den die Frage nach Gott sinnlos und mithin auch jeder Atheismusstreit gegenstandslos geworden ist.

Nach Heim lässt sich durch Beispiele aus der zeitgenössischen Literatur diese Entwicklung noch eindrücklicher verdeutlichen als durch lediglich geschichtsphilosophische Abhandlungen.

In seinem Werk „Der christliche Gottesglaube und die Naturwissenschaft" schildert Heim beispielhaft an literarischen Gestalten, wie z. B. den Helden in *Ernst Wiecherts* Roman „Die Jerominkinder", die innere Entwicklung des zeitgenössischen Menschen vom herkömmlichen Atheismus zum abgeklärten Säkularismus in seiner völlig nihilistischen[3] Ausprägung: Pfarrer Agricola bildet als der gegen Gott rebellierende Atheist gleichsam erst die Vorstufe zum Säkularismus. Durch eine Epidemie sind in Agricolas Gemeinde und den neun Nachbargemeinden 71 Kinder gestorben. Dem Alkohol verfallen, verflucht er Gott und schleudert ihm, obwohl er seine Existenz leugnet, dennoch bit-

---

[3] Nihilismus bezeichnet eine Philosophie, in der es keinen letzten Sinn mehr gibt.

tere und verzweifelte Anklagen entgegen. Ausgelöst durch die Frage nach dem liebenden Gott erreicht die Lebenstragödie dieses Mannes einen letzten Höhepunkt. Gott erscheint hier als blutgieriger Despot, an dem sich der Mensch dadurch rächt, dass er ihn leugnet. Eine Stufe weiter auf dem Weg des Säkularismus ist der Zyniker von Balk fortgeschritten. Er spottet der brutalen Sinnlosigkeit des Lebens, indem er alle religiöse Hoffnung als illusorische Vertröstung abtut. Sein Ziel ist Gottlosigkeit ohne Groll und Protest aus einem selbstsicheren Agnostizismus, d. h. einer Einstellung, die die Frage nach der Wahrheit grundsätzlich für nicht beantwortbar hält. Aber erst in dem Helden des Romans, Jons Ehrenreich Jeromin, erreicht die Bestimmung des Menschen jenseits von Gut und Böse ihr Ziel. Jeromin hat längst mit allen religiösen Vorstellungen abgeschlossen. Es gibt für den Menschen in der Nacht des einsamen Weltraums keine Würde und keinen Sinn. Die Vorstellung einer Heilsgeschichte entstammt dem Wunschdenken eines längst versunkenen Weltbildes, in dem der Mensch noch kühn seine Ansprüche auf Glück und Erfüllung geltend machte. Jeromin erweist seine eigentliche Stärke darin, dass er sich widerstandslos in die Absurdität seines Daseins ergibt. Die Haltung des Säkularismus bewährt Jeromin in nihilistischer Weltverachtung noch angesichts des Todes. Er geht in der Einsamkeit der russischen Steppe an seinen Verwundungen langsam zugrunde; er verlöscht ohne Rebellion gegen das Schicksal in einer geradezu heiteren Gelassenheit, ganz ohne Schmerz und Hoffnung, einfach so.

Für den Übergang vom polemischen Atheismus des 19. Jh. zum säkularen Nihilismus des 20. Jh. spielen für Heim die Weltkriege eine Schlüsselrolle, so schrieb er 1949:

> „Aber nun wächst heute in zunehmendem Maß ein Geschlecht von Menschen heran, das durch einen viel tieferen Abgrund von jeder Art von Kirche getrennt ist als alle ‚Gottesleugner‘ und ‚Atheisten‘ und ‚Kirchengegner‘ früherer Zeiten. Die echten ‚Weltmenschen‘, mit denen wir es in der Kasernenstube und im Offizierskasino des zweiten Weltkrieges viel häufiger zu tun gehabt haben als im ersten Weltkrieg, erkennt man gerade daran, daß die radikalen Fragen, die im Raum der Kirche lebhafte Diskussionen

hervorrufen, zum Beispiel die Fragen: ‚Wie kann Gott das zulassen?' oder ‚Und Gott schweigt?', bei diesen echten Säkularisten völlig verstummt sind."[4]

Die Katastrophen der Weltkriege mit ihrer technisch-industriell vollzogenen Menschenvernichtung wirkten im Vergleich zu allen bislang gekannten Naturkatastrophen total abstumpfend; man ging ungeachtet des weltweiten Massenelends zur Tagesordnung über. Die weltanschauliche Auseinandersetzung gefror zur Sprachlosigkeit.

Dabei ist sich Heim bewusst, dass die für den Gottesglauben abstumpfende Wirkung der Weltkriege nur eine spezifische Ausgestaltung des Säkularismus darstellt.

> DIE KATASTROPHEN DER WELTKRIEGE: ANGESICHTS WELTWEITEN MASSENELENDS GEFROR DIE WELTANSCHAULICHE AUSEINANDERSETZUNG ZUR SPRACHLOSIGKEIT.

Der eigentlich nihilistische Säkularismus trägt vielmehr Züge ungehemmter Daseinsfreude und der Lust am Kampf. Er geht auf *Friedrich Nietzsche* zurück und findet in *Ernst Jünger* einen wortgewaltigen Vertreter. Im Durchbruch des Nihilismus, der sich mit urtümlicher Gewalt in der westeuropäischen Kultur durchsetzt, vollzieht sich der Umschwung, den Nietzsche in seiner Vorrede zu „DER WILLE ZUR MACHT" leidenschaftlich angekündigt hat. Nietzsche war in der Unbedingtheit, mit der er die Zukunft des Nihilismus beschworen hat, wider Willen Prophet des Antichristen. Der Verlust des Gottesgedankens wird in seiner Philosophie als Freiheit des Ich gefeiert.

Die Frage des Glaubens oder Unglaubens ist auf diesem Hintergrund gegenstandslos geworden. Zweifel gibt es keinen mehr, nachdem Gott als Scheinproblem ausgeschieden ist.

Das Ergebnis seiner schonungslosen Analyse der Geschichte führt Heim zu der Überzeugung, dass sich die moderne Welt in mehreren Traditionsbrüchen vom Christentum immer weiter entfremdet. Dieser Ver-

---

[4] HEIM, *Der christliche Gottesglaube und die Naturwissenschaft.* Erster Teilband: *Grundlegung. Der evangelische Glaube und das Denken der Gegenwart* (Grundzüge einer christlichen Lebensanschauung, Band IV), Tübingen 1949, S. 15.

fall abendländischer Kultur lässt ihn jedoch nicht resignieren. Sie treibt ihn vielmehr zu immer neuen Anstrengungen, der Mission dennoch einen Weg zu bahnen, statt sich in die kleinen Zirkel der Glaubenden zurückzuziehen.

3.2 Kampf gegen den Säkularismus als Heims theologisches Lebensthema

Weil es Heim mit missionarischer Leidenschaft darum ging, Intellektuellen seelsorgerlich in ihren Glaubenszweifeln beizustehen, konnte er sich nicht damit begnügen, die apokalyptische Bedrohung durch den *Säkularismus* zu beschreiben. Es ging ihm vielmehr darum, als DCSV-Sekretär inhaltlich in die Diskussion mit dem Denken und den ethischen Wertvorstellungen der Zeit einzutreten. Das von ihm vor Hörern aller Fakultäten verkündigte Evangelium musste begründet und im Zusammenhang der neuzeitlichen Forschung entfaltet werden.

> **DAS EVANGELIUM MUSSTE BEGRÜNDET UND IM ZUSAMMENHANG DER NEUZEITLICHEN FORSCHUNG ENTFALTET WERDEN.**

Dies schloss vor allem im Blick auf die Studenten der naturwissenschaftlichen und technischen Fakultäten eine überzeugende Auseinandersetzung mit der materialistischen Argumentation *Ernst Haeckels* ein.[5] Die atheistische Bewegung feierte um 1900 große Triumphe und zog sowohl das gebildete Bürgertum als auch die breiten Massen der Arbeiterschaft in ihren Bann. Aus dem streng materialistischen Denken der damaligen Naturwissenschaft erwuchs dem Säkularismus ein in sich ge-

---

[5] HAECKEL hatte sein weit verbreitetes Buch *Die Welträthsel. Gemeinverständliche Studien über monistische Philosophie* (Bonn 1899) als Kampfschrift gegen jede Annahme einer Transzendenz bzw. Jenseitigkeit herausgegeben. Vor allem wollte er durch *seine monistisch-materialistische Philosophie* und eine auf dieser aufbauenden neuen Sittenlehre, Sozialethik und Ästhetik das Christentum ablösen. *Monistisch* war Haeckels Philosophie, weil sie nur von einem Prinzip, nämlich der Materie als einzig bestimmender Realität, ausging.

schlossenes Weltbild. Dieses führte dann auch zu einer daraus hervorgehenden säkularen Lebensgestaltung.

Die sachliche Widerlegung des Säkularismus im Werk Heims

DURCH SPEKULATIVE PHILOSOPHIE NIMMT HEIM VORWEG, WAS EINSTEIN SPÄTER PHYSIKALISCH BEWEIST.

Die sachliche Widerlegung des naturwissenschaftlich begründeten Atheismus hat Heim bereits 1904 mit seinem Frühwerk „DAS WELTBILD DER ZUKUNFT" versucht. Es handelt sich dabei um ein Konzept, in dem er das Weltgeschehen in die Dynamik relativer Entscheidungsprozesse hinein auflöst. Mit dieser Sichtweise nimmt Heim bereits durch eine spekulative Philosophie das vorweg, was Albert Einstein später durch seine Relativitätstheorie physikalisch beweist. Mit seiner philosophischen Relativitätstheorie entzieht er dem starren Prinzip von Ursache und Wirkung die Grundlage. Im späteren Werk „DIE WANDLUNGEN IM NATURWISSENSCHAFTLICHEN WELTBILD" überwindet er den nur spekulativ-philosophischen Vorentwurf durch eine Argumentation, die auch die neuesten naturwissenschaftlichen Erkenntnisse und ihre Folgen für die Theologie berücksichtigt. Immer geht es ihm dabei um die Deutung des natürlichen Geschehens im Rahmen einer umfassenden Weltsicht. Die Frage nach der Zuordnung von christlichem Glauben und moderner Naturwissenschaft wurzelt zweifellos in den frühen Jahren Heims und hat ihn zeitlebens nicht mehr losgelassen.

Impulse aus der internationalen Missionsbewegung

Im Zusammenhang dieses Kapitels über den Säkularismus soll im Folgenden der Begriff, wie ihn Heim inhaltlich bestimmt, näher geklärt werden. Dabei spielt Heims Engagement in der deutschen und internationalen Missionsbewegung eine zentrale Rolle. Wie intensiv sich Heim bereits während seiner knapp dreijährigen DCSV-Arbeit mit der Entwicklung der internationalen Weltmission beschäftigt hat, wird aus seinen zahlreichen Berichten ersichtlich, die er in den Mitteilungen der Studentenorganisation veröffentlichte. Er beschreibt in diesen Beiträgen den Stand der Mission in England, Frankreich, der Schweiz, den USA, Nord- und Schwarzafrika sowie in China. Auffällig an den Berichten ist, wie sehr Heims umfassendes Verständnis der Mission ihn dazu führt, auch die traditionell christlichen Länder, die durch ihre Missionsgesellschaften Menschen in die Weltmission entsenden, ihrerseits auch als Missionsländer zu verstehen. Im Zeitalter des Säkularismus ist Mission in allen sechs Kontinenten nötig. Der internationale missionarische Horizont, der sich Heim im Zusammenhang der DCSV erschloss, öffnete ihm zugleich den Zugang zur entstehenden ökumenischen Bewegung und ihren Konferenzen.

Im Jahr 1900 führten ihn seine Aufgaben anlässlich einer Tagung des *Weltbundes der Christlichen Studentenvereinigung* in Paris mit einem der Begründer der ökumenischen Bewegung, dem amerikanischen Methodisten *John Mott*, zusammen, der ihn vom ersten Augenblick an faszinierte. Mott bat ihn auch, 1922 gemeinsam mit dem ehemaligen deutschen Reichskanzler *Georg Michaelis* an der Tagung des *Internationalen Studentenweltbundes* in Peking als Delegierter teilzunehmen. Die Reise nach Ostasien, verbunden mit missionarischen Gesprächen und Vorträgen in Mittel- und Nordchina, das sich schon lange vor der maoistischen Revolution in einem Prozess innerer Umwandlung befand, sowie vor allem die sich anschließende Studienfahrt nach Japan sind für Heims Verständnis der Hochreligionen Asiens von entscheidender Bedeutung geworden. Vor allem der sogenannte *Pantheismus*, also die Vorstellung, dass der Schöpfer mit seiner Schöpfung identisch ist, beschäftigt Heim theologisch.

Eine zweite, für den Tübinger Systematiker Heim grundlegende missionarische Horizonterweiterung war die Tagung des *Internationalen Missionsrates* 1928 in Jerusalem, zu der er vom *Großdeutschen Evangelischen Missionsausschuss* entsandt wurde. Bei dieser ökumenischen Konferenz hatte Heim das erste Hauptreferat über „DIE BOTSCHAFT DES CHRISTENTUMS" zu halten. Die Analyse der Konferenzergeb-

SÄKULARISMUS: NEBEN BUDDHISMUS, KONFUZIANISMUS UND ISLAM – DAS LETZTE UND SCHWIERIGSTE OBJEKT CHRISTLICHER MISSION.

nisse, die Heim in seinem Tagungsbericht vorträgt, zeigt, mit welchem Gespür er Tendenzen der sich ändernden ökumenischen Missionstheologie und -strategie zur Kenntnis nahm und wie er ihre Konsequenzen durchdachte. Sämtliche Diskussions- und Kontroversfragen der späteren Weltmissionskonferenzen des Ökumenischen Rates der Kirchen finden sich bereits in der kritischen Zusammenfassung Heims: das Problem eines dialogischen Missionsverständnisses mit den heute lebenden Religionen und Ideologien, das Recht der sogenannten jungen Kirchen auf kulturelle Eigenständigkeit sowie die Frage nach den Realisierungsmöglichkeiten des Reiches Gottes durch das politische Engagement und die Sozialarbeit der Kirchen. Entscheidend für Heims gesamte spätere religionsphilosophische und apologetische Arbeit ist der Begriff des *Säkularismus* geworden, der bei der Jerusalemer Tagung erstmals in der neueren Missionsgeschichte ein bestimmender Gesprächsgegenstand war. Dort wurde der Säkularismus missionstheologisch als neue Weltreligion zur Kenntnis genommen und als die Herausforderung aller Religionen begriffen: „Zum erstenmal wurde in Jerusalem von einer Missionsversammlung dieser Säkularismus neben Buddhismus, Konfuzianismus und Islam als das letzte und schwierigste Objekt der christlichen Mission erkannt und zum Gegenstand des missionarischen Studiums gemacht."[6]

Warum der Säkularismus auf dem Boden der christlichen Kultur entstand

Heim hat vor allem in seinem Aufsatz „DER KAMPF GEGEN DEN SÄKULARISMUS"[7] diesen Begriff in einer für seine Theologie typischen Weise bedacht und präzisiert.

Diesem Aufsatz, den Heim 1930 auf der *Kontinentaleuropäischen*

---

[6] HEIM, „Die Tagung des erweiterten Internationalen Missionsrates", in: *Evangelisches Missionsmagazin* Nr. 72 (1928), S. 163.

[7] HEIM, „Der Kampf gegen den Säkularismus", in: ders., *Leben aus dem Glauben. Beiträge zur Frage nach dem Sinn des Lebens,* Berlin [2]1934, S. 204-225.

Missionskonferenz in Bremen als Vortrag hielt und der eindeutig auf die Missionstagung 1928 zurückgeht, kommt eine Schlüsselrolle in seinem Gesamtwerk zu. Hier laufen in gestraffter Weise die Fäden zusammen, die Heims Theologie inhaltlich wie formal strukturieren. Heim erläutert hier, weshalb er seine Theologie als großangelegte Auseinandersetzung mit den nichtchristlichen Religionen und philosophischen Ideologien entwickelt.

Heim geht in diesem Beitrag zunächst auf die naheliegende und weit verbreitete Begründung des Säkularismus aus dem Fortschritt der naturwissenschaftlichen Forschung und der sich in ihrem Gefolge durchsetzenden technischen Industrialisierung ein. Aber diese zunächst plausibel klingende Begründung greift nach seiner Auffassung zu kurz, da sie nur die äußere Erscheinung des Problems, nicht aber seine eigentliche Ursache erklärt. Naturwissenschaft, Technik und Industrie haben zwar dem Säkularismus zu seinem Massenerfolg verholfen, aber seine Wurzeln reichen viel tiefer und bedürfen einer theologischen Deutung. Es sind vor allem zwei Argumente, die Heim einbringt: Erstens ist der Säkularismus keineswegs eine Weltanschauung, die historisch erstmals mit dem Zeitalter der modernen Physik und Technik aufgetreten wäre. Sie vollendet vielmehr eine schon in der Antike nachweisbare religionskritische Tendenz. Die industrielle Technik kann dann aber als Erscheinung des 19. Jh. schwerlich Ursache einer bereits antiken Lebenshaltung sein. Zum anderen sind es gerade die Bahnbrecher der astronomischen Forschung, der neuen Mechanik und der modernen Astronomie wie *Kepler* und *Newton*, die durch ihre naturwissenschaftliche Arbeit keinesfalls dem christlichen Gottesglauben entfremdet wurden. Die von ihnen als mathematische Gesetzmäßigkeit erkannten Naturvorgänge machten sie vielmehr neu und vertieft auf den alles ordnenden und regierenden Weltschöpfer aufmerksam. Die Loslösung vom Glauben an Gott kann also kaum mit der naturwissenschaftlichen Forschung als solcher begründet werden.

Das Auftreten des Säkularismus muss vielmehr nach Heims Überzeugung aus dem Wesen des Christentums selbst erklärt werden. Er führt zunächst zum Beweis dieser These die religionsgeschichtliche Beobachtung ins Feld, dass die ostasiatischen Hochreligionen Chinas und

Japans, aber auch die Religion im alten Ägypten Kulturen hervorgebracht haben, bei denen Glaube und Leben, Kunst und Zivilisation untrennbar an religiöse Vorstellungen gebunden waren. Das Ende der Religion hätte in diesen Ländern mit notwendiger Konsequenz das Ende der Kultur als Ganzes eingeläutet.

Die Befreiung der Kultur von der Religion hat vielmehr, wie sich dies seit der Renaissance geschichtlich verfolgen lässt, einzig in Europa ganz neue Kräfte einer emanzipatorischen Zivilisation hervorgebracht:

> „Nur im christlichen Abendland, in einer Kultur, die bis weit über das Mittelalter hinaus von der Kirche beherrscht war, also im Schatten der Bibel erwuchs, hat sich der Mensch und die Welt vom Schöpfer losgerissen und versucht, ein Eigenleben zu führen, ohne daß die ganze Kultur an dieser Lösung vom Mutterboden gestorben wäre. Im Gegenteil, losgerissen vom Gottesglauben schien diese Kultur wie von einer hemmenden Last befreit, besonders seit der Renaissance und dem Siegeslauf der Erfahrungswissenschaften, getragen von technischen Erfindungen, immer mächtiger aufzublühen und wuchs als Weltanschauung und Lebenshaltung zu einem in sich geschlossenen und imponierenden Gebilde heran, das geradezu missionarische Kraft hatte und welterobernd in die Gebiete der alten außerchristlichen Kulturen einbrach, um diese im ersten Anlauf über den Haufen zu werfen. Der ganze Säkularismus von Indien, China und Afrika ist ja doch nur ein Ableger der abendländischen Kultur."[8]

Theologische Gründe für die Abkehr von Gott

EINHEIT VON GOTT UND WELT? Entscheidend sind die theologischen Gründe, die Heim für die Abkehr der abendländischen Kultur vom Christentum hin zum Säkularismus verantwortlich macht. Alle Religionen, die nicht im Traditionszusammenhang der Bibel stehen, setzten nach seiner Auffassung die Einheit Gottes und der

---

[8] HEIM, *Der Kampf gegen den Säkularismus*, S. 221.

Welt voraus. Diese Einheit manifestiert sich auf einer primitiv *poly-theistischen*[9] Religionsstufe zunächst in der kultischen Verehrung von Naturgottheiten, bei den hochentwickelten Religionen in der *mystischen Identität* von Gott und Welt. Demgegenüber ist für den jüdisch-christlichen Glauben die eindeutige Unterscheidung von Gott und Welt, von Schöpfer und Kreatur unverzichtbar. Jede Religion schließt in ihrem elementaren Grundverständnis bereits die aus ihr hervorgehende kulturelle und gesellschaftliche Entwicklung ein. Mit der theologischen Unterscheidung von Gott und Welt kommt somit für Heim die eigentliche Alternative zwischen Christentum und jedweder Gestalt des Säkularismus ins Blickfeld. Es geht nach Heims Verständnis um die Gottheit Gottes in ihrem unüberbrückbaren und unüberbietbaren Gegensatz zur Welt. Alle heidnischen oder ideologischen Religionssysteme und -praktiken beruhen in striktem Gegensatz zum Christentum auf einer falschen und unzulässigen Vermischung von Gott und Welt. Gewiss ist auch im Christentum durch die theologischen Begriffe *Schöpfer* und *Geschöpf* eine Verbindung zwischen Gott und Kreatur zum Ausdruck gebracht. Aber dieses Gemeinsame darf unter keinen Umständen in irgendeiner Form von Identität verstanden werden. Die Wirklichkeit Gottes besteht in sich, und der Schöpfer schafft souverän durch sein Wort die Welt.

Aus der theologischen Differenz zwischen Schöpfer und Geschöpf ist an sich noch nicht ersichtlich, warum sich der Säkularismus als eine gegen Gott gerichtete Bewegung entwickelt hat. Heim verweist im Zusammenhang dieser Frage auf die heilsgeschichtliche Konzeption der Bibel. Für den Menschen wird der Unterschied zwischen sich und Gott vor allem am Gegensatz von Ewigkeit und Vergänglichkeit schmerzlich klar. Der Mensch, der geschichtlich denken kann, erkennt, dass ihm nur der jeweilige Augenblick gegeben ist. Vergangenheit und Zukunft entziehen sich seiner Macht. Allein Gott als der Ewige steht jenseits der Zeitlichkeit, und von ihm empfängt der Mensch je neu die Gabe der Zeit, bis ihm das Leben von Gott entzogen wird. Der Mensch empfindet diesen

---

[9] *Polytheismus* ist eine Religionsform, in der Menschen an viele Götter glauben, d. h. es herrscht Vielgötterei.

Zustand nach Heims Überzeugung als fortgesetzten Schmerz und unendliche Demütigung. Heim weist darauf hin, dass diese Situation des Leidens nicht die ursprüngliche, schöpfungsgemäße ist und dass der Mensch sich mit aller anderen Kreatur nach der Aufhebung dieses Weltzustands sehnt. Für die gegenwärtige Situation der Menschheit gilt es jedoch, im Leiden an der eigenen Nichtigkeit und in Abhängigkeit vor Gott auszuharren. Aber dies will der Mensch nicht, sondern er versucht, sich vom Leiden frei zu machen, indem er Weltanschauungen entwirft, die ihn von Gott befreien.

SÄKULARISMUS: DAS MENSCHLICHE BEMÜHEN, DEM WELTHAFTEN SEIN GÖTTLICHE QUALITÄT ZU VERLEIHEN.

Säkularismus ist demnach das menschliche Bemühen, dem *verfügbaren welthaften Sein* göttlich-ewige Qualität zu verleihen. Der Mensch ist in seiner Selbstüberhebung nicht lediglich ein nur individuelles Wesen, sondern Ausdruck eines *kosmischen Willens zur Macht*, in der die Kreatur sowohl sich selbst sucht und findet, als auch sich selbst liebt und verherrlicht. Diese grundlegende Gottlosigkeit der Welt gewinnt nun im religiösen, auf das Göttliche gerichteten Streben einen geradezu dämonischen Charakter.

Der Widerspruch zwischen der Liebe zu Gott und der Weltliebe entwickelt sich zu einer kosmischen Alternative, die an der menschlichen Sehnsucht nach Ewigkeit aufbricht und Gestalt annimmt. Will man also die theologische Auseinandersetzung mit dem Säkularismus angemessen führen, so gilt es von den äußeren Erscheinungsformen ideologischer oder religiöser Weltanschauungen bis zu dem Punkt vorzudringen, an dem der Mensch, angetrieben durch sein Verlangen, ewig zu sein, sich und seine Welt über die Zeitlichkeit hinauszuheben sucht. Für Heim ist also der Säkularismus letztlich gar keine in der politischen oder kulturellen Geschichte der Menschheit aufgetretene neue Erscheinung, sondern ein Ausdruck für die umfassende Realität der Sünde. Die Selbstvergötterung kann entweder so geschehen, dass Gott geleugnet wird und der Mensch sich dann an Gottes Stelle setzen kann, oder aber so, dass sich der Mensch von vornherein mit Gott geeint weiß und sich deshalb kraft seiner ihm wesensmäßig eigenen Göttlichkeit aus der Vergänglichkeit selbst erlöst.

3.3 Leugnung Gottes im materialistischen Säkularismus und Heims Auseinandersetzung mit den Naturwissenschaften

Der materialistische Säkularismus vergöttert die äußere objektive Welt, indem er sie hinsichtlich ihrer Strukturen von Raum, Zeit und Materie als ewig bzw. unendlich ansieht. Der *„mystizistische"*[10] *Säkularismus* identifiziert die innere, geistige bzw. subjektive Welt mit Gott.

SELBSTVER-GÖTTERUNG: ENTWEDER WIRD GOTT GELEUGNET ODER DER MENSCH MIT DEM GÖTTLICHEN VEREINT.

Der eindeutige Schwerpunkt der Forschung Heims liegt auf der Auseinandersetzung mit dem materialistischen Säkularismus, der die beherrschende geistige Macht des naturwissenschaftlich-technischen Zeitalters darstellt. Dabei ist es einzig die Vermischung naturwissenschaftlicher Forschungsergebnisse mit ideologischen Vorurteilen, die den Widerspruch von Naturerkenntnis und Gotteserkenntnis heraufbeschwört. Die naturwissenschaftliche Arbeit als solche ist mit dem christlichen Glauben durchaus vereinbar.

Derartige materialistische Unterstellungen, wie sie besonders in der Naturphilosophie des 18. und 19. Jh. ihren Niederschlag gefunden haben, sind zu einer Ideologie geworden, durch die der Atheismus gesellschaftlich Anerkennung fand. Sowohl die breite Masse der Arbeiterschaft als auch das Bürgertum und die intellektuelle „Elite" schlossen sich der materialistischen Ideologie bereitwillig an. Der Krebsschaden der Kirche besteht nach Heims Auffassung darin, dass man meint, man könne sich unbekümmert über die allgegenwärtige Versuchung durch den Materialismus hinwegsetzen. In Wirklichkeit erschüttert die materialistische Gestalt des Säkularismus gerade auch den glaubenden Menschen in seiner Existenz.

„Das säkularistische Weltbild, das heute überall in der Luft liegt, umfängt auch uns mit seiner bezaubernden und einleuchtenden

---

[10] *Mystizismus* bedeutet bei Heim eine Weltanschauung, in der der grundlegende Unterschied zwischen Schöpfer und Geschöpf aufgehoben wird. Im Gegensatz dazu leugnet der *Materialismus* die Existenz des Schöpfers, sodass letztlich „Schöpfung" ohne Schöpfer übrigbleibt.

Gewalt. Damit verwandelt sich der Dialog zwischen Kirche und Welt in der Tat in einen Monolog, der im Raum der Kirche selbst stattfindet, ja im Raum unseres eigenen angefochtenen Herzens."[11]

Der materialistische Säkularismus bricht mit urtümlicher Gewalt, die er aus der einfachen Logik seines Naturbildes ableitet, in die Kirche ein. Deshalb darf sich um der Wahrheit des Evangeliums willen die Theologie der Konfrontation mit dem Materialismus nicht entziehen.

Worin besteht nun die geistige Dynamik des materialistischen Säkularismus, die die Kirche bedroht? Heim verfolgt die Entwicklung zurück bis zur antiken Philosophie. Bereits Demokrit und später Epikur gründeten ihre Philosophie auf das Dogma von der ewig in sich selbst gründenden *Substanz* der materiellen Welt. Damit unterschoben sie der vorfindlichen sichtbaren Welt göttliche Eigenschaften und vergöttlichten sie auf diese Weise. Denn wenn die Welt aus sich existiert, bedarf sie Gottes nicht. Als göttliche Wirklichkeit verdrängt sie Gott und wird zum Götzen. Vom antiken Materialismus ausgehend ergibt sich nach Heim ein direkter Weg zum ideologischen Naturbild des 19. Jh. mit seinem Versuch, die Ewigkeit Gottes in den Strukturen dieser Welt zu finden: Die Vorstellung vom *absoluten*[12] *Objekt* und der *absoluten Energie*, die bei allen Umwandlungsvorgängen erhalten bleibt, sowie der Glaube an den *absoluten Raum* und die *absolute Zeit* mit allen Konsequenzen sind hier zu nennen. Auch die Erklärung des biologischen Lebens aus den selbstwirkenden Kräften der Natur ist ein weiteres weltanschauliches Element der neueren Naturphilosophie.

IM MARXISMUS WIRD DER MATERIALISTISCHE SÄKULARISMUS ZUR TOTALITÄREN WELTANSCHAUUNG.

Schließlich sieht Heim die konsequenteste Ausprägung des materialistischen Säkularismus im Marxismus. Der historische und dialektische Materialismus

---

[11] HEIM, *Der christliche Gottesglaube und die Naturwissenschaft*, S. 25f.

[12] Absolut bedeutet hier dem Wortsinn nach „losgelöst" bzw. unabhängig von irgendeiner anderen Größe. Also Energie, Raum, Zeit etc. losgelöst vom Schöpfer. Es entstehen so physikalische Strukturen, die aus sich selbst heraus göttlich sind.

bolschewistischer Art bleibt jedoch nicht auf der Ebene des ideologischen Denkens stehen, sondern erweist die totalitären Ansprüche des Säkularismus in der gewaltsamen politischen Durchsetzung seiner Vorstellungen. Die zunächst gewaltsame Unterdrückung der Kirche findet ihr Ziel schließlich in der ideologischen Vision vom allmählichen Absterben der Religion. In einer Gesellschaft, die alle materiellen Bedürfnisse voll befriedigt, entwickelt sich eine Lebenshaltung, die keines religiösen Überbaus mehr bedarf. Nach Heim führt die dem materialistischen Säkularismus innewohnende Dynamik somit über die verschiedenen naturphilosophischen Stadien hinaus zu einer den Menschen, ja letztlich die gesamte Gesellschaft mitreißenden totalitären Weltanschauung. Sie will das Leben und Denken des Einzelnen beherrschen und kann neben sich keine Konkurrenz dulden.

„Der transzendente Schöpfer ist nicht nur nicht mehr da; nein, das ist das Charakteristikum der nihilistischen Geisteshaltung: Der Schöpfer ist ein unmöglicher Gedanke, ein unvollziehbarer Begriff geworden. Man ist außerstande, einen Sinn mit diesem Wort zu verbinden."[13]

Die Steigerung des *materialistischen Naturbilds* in Gestalt eines *nihilistischen Säkularismus* hat Heim vor die Aufgabe gestellt, sich aus elementarem theologischem Interesse heraus um die Denkmöglichkeit des Begriffs *„Jenseits"* zu bemühen. Es ging ihm deshalb um die Neuinterpretation der Inhalte des christlichen Glaubens im sachlichen Zusammenhang und in der Sprache der modernen Naturwissenschaften.

---

[13] HEIM, *Glaube und Denken. Philosophische Grundlegung einer christlichen Lebensanschauung,* Hamburg ⁵1957, S. 38.

3.4 Selbstvergottung des Menschen im pantheistischen Säkularismus

Gerade angesichts der Tatsache, dass sich Heim denkerisch vorrangig um die Überwindung des *materialistischen* Säkularismus bemüht, ist erstaunlich, dass er neben dieser Gestalt des Säkularismus in allen Phasen seines literarischen Werkes nie die andere, nämlich die *pantheistische*[14], aus dem Blick verliert.

Anhand des Schicksals von Giordano Bruno (1548–1600) macht Heim klar, dass der Zusammenbruch des antik-mittelalterlichen Weltbildes offensichtlich ein pantheistisches Gottesverständnis nahelegt.

> „Die religiöse Konsequenz aus der neuen Sachlage, die mit der Entdeckung der Unendlichkeit des Universums eingetreten war, hat G. Bruno, der Entdecker der Unendlichkeit, sofort gezogen. Mit dem Zusammenbruch des ptolemäischen Weltbilds mit seinem abgeschlossenen Weltgehäuse war für ihn jede Möglichkeit dahingefallen, Gott und Welt überhaupt noch voneinander zu unterscheiden. Die Grenzlinie war ausgelöscht, die Diesseits und Jenseits voneinander trennte. Angesichts der Grenzenlosigkeit des Universums war nur noch eine Religion möglich, nämlich der Pantheismus. Diese Konsequenz war für Bruno so klar und unausweichlich, daß er dafür jahrelang in den Bleikammern von Venedig schmachtete und freudig den Flammentod auf sich nahm."[15]

Somit ist die Naturwissenschaft, soweit sie nach dem ewigen Bestand der Welt und der Selbstvergewisserung des Menschen fragt, nicht nur Grund für den *materialistischen*, sondern auch für den *mystizistischen* Säkularismus:

> „Seit wir die Welt nicht mehr als abgeschlossenes Gehäuse, sondern als ein unendliches Ganzes betrachten müssen, hat der

---

[14] Pantheismus ist die Verschmelzung von Gott und Welt bzw. von Schöpfer und Geschöpf. Gott geht dann auf in der Natur und die Natur als Ganzes ist göttlich.

[15] HEIM, *Glaube und Denken*, S. 36.

Gedanke der Jenseitigkeit Gottes seinen ursprünglichen, klar definierbaren, räumlichen Sinn verloren. Es scheinen jetzt nur noch zwei Möglichkeiten offenzustehen. Die eine ist der Nihilismus, der die Transzendenz Gottes für einen logisch unvollziehbaren Gedanken erklärt. Die andere ist der Pantheismus, der Gott und Welt in eins setzt. Damit ist die Frage entstanden: Was meint der Glaube, wenn er auch im nachkopernikanischen Zeitalter noch von der Jenseitigkeit Gottes spricht?"[16]

Es handelt sich also auch beim mystizistischen Säkularismus um eine weltanschaulich bestimmte Sicht naturwissenschaftlicher Forschungsergebnisse.

Schließlich ist für die Beschäftigung Heims mit dem mystizistischen Denken noch ein weiterer, mehr pragmatischer Gesichtspunkt anzuführen. Die Welt ist in Folge des technisch-industriellen Siegeszuges auch kulturell zusammengerückt. Zwischen den abendländischen Völkern und den alten Kulturvölkern Asiens ist es zu einem intensiven Dialog gekommen, der eine profunde theologische Auseinandersetzung mit den asiatischen Hochreligionen erforderlich macht. Heim hat diese Aufgabe seit 1922 aus persönlichem und seit 1928 aus ökumenischem Interesse aufgegriffen.

---

[16] HEIM, *Glaube und Denken*, S. 225.

4. WOHNUNGSNOT FÜR GOTT? – HEIMS RAUMPHILOSOPHIE

Mit den unten stehenden Sätzen beschreibt Karl Heim im ersten Band seines Hauptwerkes die Aufgabenstellung seiner apologetischen Theologie. Um den mathematisch und naturwissenschaftlich gebildeten Zeitgenossen einen Denkhorizont zu eröffnen, in dem sich ganz neu die Wirklichkeit Gottes und seines Reiches vorstellen lässt, entwickelt er eine tiefsinnige Philosophie der Räume:

> „Solange die Welt ein räumlich abgegrenztes Ganzes war, etwa ein Gebäude von ineinander rotierenden Sphären oder Kristallschalen, hatte der Begriff Transzendenz einen klaren Sinn gehabt. Man meinte damit den Raum jenseits der Saturnsphäre, also der äußersten der ineinander rollenden Glaskugeln. Dort dachte man sich die Wohnung Gottes, der Engel und der unsterblichen Geister. Seit aber der Weltraum sich ins Unendliche ausgedehnt hat, ist nicht nur die ‚Wohnungsnot für Gott eingetreten‘, wie David Friedrich Strauß spöttisch sagte, sondern der Begriff der Jenseitigkeit ist selbst problematisch geworden. Denn wie kann man über etwas hinausschreiten, was doch unendlich ist? Was ist das für eine Grenze, die hier gezogen wird, wenn Theologie und Religionsphilosophie Welt und Gott, Immanenz und Transzendenz voneinander scheiden? Bei jedem religiösen Akt, bei jedem Gebet und jeder frommen Gefühlsregung überschreiten ja die frommen Menschen im Geist diese problematische Grenzlinie."[1]

Heim versucht, im Rahmen seines Modells unterschiedlicher Räume zunächst die Grundstrukturen des Seins philosophisch zu analysieren, indem er ein Weltbild entwickelt, das die Welt als strukturiertes Ineinander von in sich unendlichen Räumen begreift. Hierbei unterscheidet er

---

[1]   HEIM, *Glaube und Denken. Philosophische Grundlegung einer christlichen Lebensanschauung,* Hamburg ⁵1957, S. 33f.

zwischen dem *Gegenstandsraum*, der durch Sinnes- **VERSCHIEDENE** wahrnehmung zugänglich ist, dem *Ichraum*, also der **RÄUME, „INNER-** Dimension der eigenen Persönlichkeit, *Bewusstseins-* **WELTLICHE TRANS-** *räumen* anderer Persönlichkeiten, *Weltraum* etc. Die- **ZENDENZVERHÄLT-** ses Bild der verschiedenen Räume dient nach Heim **NISSE" UND „POLA-** dem Nachweis *innerweltlicher Transzendenzverhält-* **RE BEZIEHUNGEN"** *nisse*, die zueinander in *polaren*[2] Beziehungen stehen.

Unter innerweltlicher Transzendenz versteht Heim den Übergang von einer Raumdimension in eine andere; Transzendenz ist hierbei im ursprünglichen Wortsinn als „Hinüberschreiten" zu verstehen. Diese Transzendenz bezeichnet also eine innerweltliche Wirklichkeit und hat nach wie vor nur irdischen Charakter. Sie bezeichnet einen Übergang, der allerdings eine qualitative Erweiterung der Erkenntnis und das Hineingehen in eine neue Struktur des Seins beinhaltet. Jeder dieser Räume findet sich in der gefallenen Schöpfung vor und ist darum von schmerzlichen Spannungen bestimmt. Er beinhaltet also keine in sich ruhende vollendete Wirklichkeit, sondern existiert in *polarer Spannung.* Polarität bedeutet Unruhe und prinzipielle Ergänzungsbedürftigkeit. Der Entdeckung des *Ich-Du-Raums* misst Heim dabei, wie wir noch sehen werden, einen zentralen Stellenwert bei.

Im Einzelnen sieht bei Heim der Argumentationsgang folgendermaßen aus: Er geht davon aus, dass Erkenntnis nur durch Unterscheidung und Abgrenzung des Verschiedenen möglich ist. Nun können Dinge, die sich in einem Raum befinden, voneinander abgegrenzt werden als verschiedene Inhalte dieses Raumes. Von dieser Art der Differenzierung ist eine ganz andere Art der Begrenzung, nämlich die dimensionale, zu unterscheiden. Heim macht dies an der Grenzlinie deutlich, die zwei an sich unendliche Ebenen geometrisch miteinander haben. Es handelt sich bei derartigen Ebenen um das Zusammentreffen von zwei Unendlichkeiten in einer ihnen gemeinsamen Schnittlinie.

---

[2] *Polar* bedeutet, dass sich in einem Gesamtsystem zwei unterschiedliche Größen bzw. Kräfte gegenüberstehen. Die Größen sind aber keine einander ausschließenden Widersprüche, sondern bedingen und brauchen einander gegenseitig, so z.B. Mann und Frau oder Tag und Nacht etc.

4.1 Die anschaulichen Räume der klassischen Geometrie

Diese abstrakt erscheinende Vorstellung lässt sich durch eine Art Gleichnis mit Figuren aus der Geometrie einsichtig machen. Ginge man davon aus, es gäbe ein intelligentes Flächenwesen, dessen Lebenswelt sich in einer zweidimensionalen Welt (d. h. Länge und Breite) abspielt, so würde dieses Wesen behaupten, dass nur zwei gerade Linien im Raum senkrecht zueinander stehen können und so den Raum bilden. Die Behauptung, es gäbe eine dritte zu den Geraden der Fläche ebenfalls senkrecht stehende Dimension, müsste das Flächenwesen aus Gründen der geometrischen Logik als undenkbar ablehnen. Die Erfahrung des dreidimensionalen Raumes würde deshalb das gesamte Weltbild des Flächenwesens revolutionieren. Das Entweder-oder seiner bisherigen Wirklichkeitserfahrung wäre durch die weitere Dimension, nämlich die dritte, die die Körperwelt bestimmt, gesprengt. In der dreidimensionalen Körperwelt gelten demnach neue und andere Gesetze, die in der zweidimensionalen Welt ausgeschlossen waren.

Heim bezeichnet jedes in sich *unabschließbare Kontinuum* als *Raum*: z. B. die *eindimensionale Zeitstrecke*, den *zweidimensionalen Flächen-* und den *dreidimensionalen Körperraum*. Nun stehen alle Räume zueinander, weil sie ihrem Wesen nach jeweils unendlich sind, in einem exklusiven Entweder-oder-Verhältnis. Aber sie weisen auch eine Identität auf: Weil sie unendlich sind, erheben sie den Anspruch, dieselbe Wirklichkeit darzustellen. Dabei ist zu beachten, dass zwischen unterschiedlichen Räumen keine quantitativ messbaren Unterschiede festzustellen sind – nur unterschiedliche Inhalte in ein und demselben Raum lassen sich in messbaren Größen wie z. B. Zentimetern, Quadratzentimetern und so weiter bestimmen. Aber es gibt sehr wohl strukturelle Differenzierungen zwischen Räumen verschiedener Dimension. Heim nennt diese *dimensionale Teilverhältnisse*. Sowohl die Gerade wie die Fläche stellen als Räume für sich je eine Unendlichkeit, d. h. ein nicht abschließbares Kontinuum dar. Aber die Gerade kann als niedere Dimension in die umfassendere der Fläche integriert werden,

EIN RAUM =
EIN UNABSCHLIESS-
BARES KONTINUUM

also eine *dimensionale Unterordnung* bilden, während zwei Geraden miteinander im Verhältnis der *dimensionalen Zuordnung* stehen. Wenn sich zwei Geraden in einem Punkt schneiden, so ist dies der Ort *dimensionaler Begegnung*. Das unendliche Kontinuum zweier eindimensionaler Räume, sprich Geraden, wird durch den gemeinsamen Schnittpunkt, den sie haben, nicht inhaltlich begrenzt.

Entscheidend für Heims erkenntnistheoretische Begründung möglicher Glaubensgewissheit ist nun die Unterscheidung zwischen *inhaltlicher* und *dimensionaler Erkenntnisweise*. Inhalte von Räumen werden durch sinnliche Wahrnehmung erkannt. Mit solcher aus der Erfahrung gewonnenen Erkenntnis ist unmittelbar auch ein Wissen um die Strukturinhalte des jeweiligen Raumes gegeben. Ein Flächenwesen kann also z. B. unterschiedliche Flächen, die ihm in seiner Welt begegnen, nach Quadratzentimetern berechnen und auch voneinander abgrenzen. Es nimmt Inhalte seiner Welt wie z. B. Dreiecke, Kreise, Quadrate usw. als unterschiedliche Inhalte seines Erfahrungsraumes wahr. Demgegenüber kann man einen neuen, d. h. einen höherdimensionalen Raum als solchen nicht schrittweise erkennen. Man steht entweder außerhalb oder innerhalb der Wahrnehmung eines Raumes. Für ein nur flächenmäßig erkennendes Lebewesen wäre der Übergang zur Erkenntnis der dritten Dimension, also dem Körperraum, nur als Widerfahrnis denkbar, in dem sich eine ganz neue und andersartige Welt erschließt. Mit der Enthüllung einer neuen Dimension besäße dieses Wesen dann aber in *existenzieller Unmittelbarkeit* eine gewisse Kenntnis des neuen Raumes mitsamt seinen spezifischen Strukturen. Es könnte aus der damit gegebenen Erkenntnis Schritt um Schritt zur empirischen Wahrnehmung der dreidimensionalen Rauminhalte voranschreiten. Das Flächenwesen könnte von diesem Augenblick an Kugeln, Quader und sonstige Körper wahrnehmen.

4.2 Der komplexe Ich-Du-Raum

Heim bezeichnet das Verhältnis der von ihm analysierten Räume untereinander als *innerweltliche Transzendenzverhältnisse*, die jedoch für die theologisch verstandene Rede von der Transzendenz Gottes nur uneigentlichen, gleichnishaften Hinweischarakter haben. Die so beschriebenen Raumstrukturen setzt Heim allerdings nun in der von ihm entwickelten Seinslehre als gegeben voraus. Er untersucht auf der Grundlage seiner Raumphilosophie im nächsten Erkenntnisschritt, wie sich die Gegenstandswelten zweier Individuen zueinander verhalten.

ICH UND DU: VERSCHIEDENE BEWUSSTSEINSWELTEN, DIE ZUEINANDER IN KONKURRENZ STEHEN

Dann klärt er das Verhältnis zwischen der physischen Existenz des Menschen und seiner *Ich-Personalität* (*Ich* und *Es*), und schließlich geht es ihm dann darum, das Verhältnis von *Ich* und *Du* zu bestimmen.

Heim trägt im Einzelnen folgende Überlegungen vor: Das spannungsreiche Gegenüber der je verschiedenen Gegenstandswelten von *Ich* und *Du* macht das Problem des Missverständnisses bzw. des Unverständnisses zwischen Menschen deutlich. Zwei Menschen verstehen, erleben und beurteilen die gemeinsame Wirklichkeit oftmals unterschiedlich, obwohl sie in der gleichen Welt existieren. Das subjektive *Ich* nimmt die körperliche Erscheinung des anderen zunächst als Inhalt seiner gegenständlichen Welt wahr. Ein Baum, den ich von ferne sehe, ist ein körperlicher Gegenstand in meiner Welt; genauso verhält es sich mit der leiblichen Erscheinung eines anderen Menschen. Aber in der Konfrontation mit der Weltsicht eines anderen erfährt das Individuum plötzlich, dass es verschiedene Bewusstseinswelten gibt, die miteinander in Konkurrenz stehen. Diese Persönlichkeiten erscheinen unterschiedlich strukturiert, weil sie von je verschiedenen perspektivischen Mittelpunkten wahrgenommen werden. Die Konkurrenz ergibt sich dadurch, dass zwei Menschen nicht nur zwei Körper sind, die sich im dreidimensionalen Raum wie zwei Bäume im Wald gegenüberstehen, sondern dass diese Menschen zwei Persönlichkeiten darstellen, die sich begegnen. Die Bewusstseinswelten, die sich hier als unterschiedliche Personen mit ihrem gegensätzlichen Denken, Wollen und Fühlen begegnen, sind im Sinne der Definition Heims eine neue, nämlich die personale Dimension des Seins. Aus der Erkenntnis unterschiedlicher Weltaspekte erwächst eine Art existenzieller Gegensatz:

> „Das Weltbild des andern stellt durch sein bloßes Dasein mein Weltbild auf der ganzen Linie in Frage. Die Begegnung mit dem andern schafft also eine Hochspannung zwischen zwei Bildern derselben Welt. Ein Kampf beginnt, bei dem jeder von beiden Aspekten den andern zu einem Scheinbild herabsetzen möchte. Und doch gelingt die Vergewaltigung nicht. Denn der andere, der die Welt von seiner Stelle aus sieht, ist keine Scheinexistenz, sondern eine Wirklichkeit. Das ruhelose Ringen der beiden Aspekte, von denen sich jeder den andern unterwerfen möchte, ist nur der praktische Ausdruck für den logischen Widerstreit, der darin liegt, daß dieselbe Welt zwei Mittelpunkte haben soll. Obwohl diese Aussage innerhalb der Ich-Es-Beziehung eine unlösbare Dissonanz ist, müssen wir sie dennoch machen, und wir wissen auch, was damit gemeint ist."[3]

Indem die Individuen im gegenseitigen Austausch ihrer jeweiligen Weltaspekte Differenzen wahrnehmen, erwächst, gleichsam als selbstkritische Problemanzeige, die erkenntnistheoretische Frage nach dem Unterschied zwischen erkennendem *Subjekt* und erkanntem *Objekt*. Der Irrtum der abendländischen Erkenntnistheorie besteht nach Heim nun darin, dass *Bewusstseinswelt* und *Objektwelt* statt als *dimensionale Größen* als *inhaltliche Grenzen* missverstanden wurden. Aber Subjektivität und Objektivität sind keine empirischen Inhalte, sondern unterschiedliche Raumdimensionen. Die Begegnung mit einer anderen menschlichen Gestalt schließt die Tatsache ein, dass es außer meiner eigenen Bewusstseinswelt noch andere bewusste Zentren subjektiven Existierens mit je eigenem Weltaspekt gibt.

> „Wir würden diesen Körper vielleicht für eine seelenlose Dublette unseres eigenen Körpers halten, wenn wir nicht auf eine uner-

---

[3] Heim, *Glaube und Denken*, S. 85.

klärliche Weise, a priori[4], also noch unabhängig von einer inhaltlichen Erfahrung, darüber Bescheid wüßten, daß es eine Mehrzahl von Bewußtseinsräumen überhaupt geben kann und daß diese auf eine bestimmte Weise einander begegnen können. Gleichzeitig mit dem inhaltlichen Erlebnis der Konfrontierung zweier Körper im Raum tritt also eine dimensionale Erkenntnis in Kraft, in der uns die eigenartige Struktur der Beziehungen erschlossen wird, in die Bewußtseinsräume zueinander treten können."[5]

4.3 Die Dynamik der Welt zwischen Aktion und Passion

Heim führt nun die Beschreibung der *Subjekt-Objekt-Beziehung* weiter durch die Unterscheidung von *Werden* und *Gewordensein*. Der gegenständlichen Wirklichkeit, die im klassischen Sinne das Objektive repräsentiert, steht das Werden in einem eigenartig

SUBJEKTIVE ERFAHRUNGSDIMENSION – OBJEKTIVE GEGENSTANDSDIMENSION

zwiespältigen Verhältnis gegenüber. Der Begriff des Werdens schließt immer das zeitliche Nacheinander von Vorgängen, die ihren materiellen Niederschlag in der Objektwelt gefunden haben, mit ein. Im primären und eigentlichen Verständnis muss unter Werden der je ursprüngliche Akt verstanden werden, durch den das zeitliche Sein überhaupt erst entsteht; ein Geschehen, das als solches noch kein Bestandteil des Zeitraums bzw. des Zeitkontinuums darstellt, sondern das lediglich die Vorbedingung raumzeitlicher Objektivität ist. Als jenseits

---

[4]   *A priori* ist ein für die Erkenntnistheorie wichtiger Begriff. Er bedeutet eine Erkenntnis, die in einem erkennenden Subjekt bereits vor aller sinnlichen Erfahrung gegeben ist. Wenn ich z. B. eine Kugel, die jemand fallen lässt, sinnlich wahrnehme, so ist die Erkenntnis, dass etwas fällt, zunächst eben nichts weiter als ein Sinneindruck. Wenn mir aber unmittelbar klar ist, dass das Öffnen der Hand und das Fallen der Kugel einen Ursache-Wirkungs-Zusammenhang darstellt, so ist dies eine Erkenntnis *a priori*. Ich vermag in ganz unterschiedlichen Zusammenhängen der empirischen Wirklichkeit jeweils von vornherein, *a priori*, Kausalitäten festzustellen.

[5]   Heim, *Glaube und Denken*, S. 97.

von Raum und Zeit liegend entzieht das Werden sich der sinnlichen Anschauung und befindet sich damit in einer Entsprechung zum nichtgegenständlichen *Ich*. Die Gegenüberstellung von *Ich* und *Es* entspricht
somit der Polarität von *Werden* und *Gewordensein*. Das *Ich* befindet sich
im ständigen Prozess des Geschehens, durch welches das Werden und
das Gewordene scharf voneinander geschieden und doch in jedem Augenblick aufeinander bezogen sind. Heim beruft sich bei seiner Beschreibung der beiden Weltzustände, zwischen denen das Ich steht, auf
die Grammatik der hebräischen Sprache, die nur die beiden Zeitformen
Perfekt (für das Gewordene) und *Imperfekt* (für das Werden) kennt. Der
Unterschied zwischen den beiden grammatischen Zeitformen erweist
sich als intuitive Erkenntnis der gänzlich andersartigen Räume des *Subjektiven* und *Objektiven*. Beide repräsentieren unterschiedliche Dimensionen des Raumes der Wirklichkeit. Sie durchdringen einander, indem
das Werden aus den unverfügbaren Willensimpulsen des Ich gesteuert
wird und umgekehrt das Gewordene prägend zurückwirkt auf die sich
im Werden vollziehenden Entscheidungen. Der heb-
räisch gesprochen *imperfektische Wir-Raum* der
nichtgegenständlichen Subjekte und der *perfektische*
Gegenstandsraum sind als Räume jeweils nicht ab-
schließbare Unendlichkeiten, die als dimensionale
Unterordnungen den ihnen gemeinsamen Weltraum bilden.

DIMENSIONALE UNTERORDNUNGEN BILDEN EINEN GEMEINSAMEN WELTRAUM.

„Dieser Gedanke ist nicht, wie es auf den ersten Blick erscheint,
eine Spekulation, sondern eine einfache Konsequenz aus der Erkenntnis, daß wir und die gesamte Objektivität in einem dimensionalen Verhältnis zueinander stehen. Erst wenn wir diese Konsequenz gezogen haben, ist die Welt nicht mehr ich-fremd und
das Ich nicht mehr weltfremd. Die platonische Vorstellung ist
überwunden, ich sei aus überweltlichen Sphären, wie ein vom
Himmel gefallener Stern, in die ich-fremde Stoffwelt hineinver-
setzt, um hier eine kurze Gastrolle zu spielen. ... Erst mit dieser
Erkenntnis kehre ich aus der aristokratischen Selbstüberhebung
Platos zur nüchternen biblischen Selbsterkenntnis zurück. Ich
sehe dann ein für allemal ein: Ich stamme nicht aus einer ande-

ren Sphäre als die Gegenstandswelt, die mir gegenübersteht. Ich bin Welt. Ich gehöre mit dem Kosmos zu einer Schicksalseinheit zusammen."[6]

Auf der Grundlage dieser Einsichten bedenkt Heim nun das Verhältnis von *Ich* und *Du* als Begegnung von jeweils *in sich grenzenlosen Räumen* und versucht unter Berufung auf die Philosophie des jüdischen Gelehrten *Martin Buber* die Kurzschlüsse der abendländischen Philosophie zu überwinden. Das *Ich* widersteht jeder Behandlung als bloßes *Es* und wird vielmehr erst durch die Begegnung mit dem *Du* in seiner Persönlichkeit wahrgenommen.

Den Zugang zueinander finden *Ich* und *Du*, wenn sie sich einander in *existenziellen Aussagen* erschließen. Gleichzeitig stehen sie aber, da sie beide unabschließbare Räume darstellen, die jeweils für sich das Ganze der Welt und ihrer Erkenntnis beanspruchen, in einem exklusiven Entweder-oder-Verhältnis zueinander. Im ostasiatischen Pantheismus erfolgt statt der Anerkennung dieses Gegensatzes von *Ich* und *Du* die Verschmelzung aller bewussten Wesen in ein göttliches Gesamtbewusstsein.

BEGEGNUNG VON ICH UND DU IM WORT

Die Begegnung von *Ich* und *Du*, die als Aufeinanderstoßen zweier in sich grenzenloser Willensbewegungen ungegenständlicher Subjekte zu denken ist, wird von Heim, seinem *voluntaristischen*[7] Ansatz entsprechend, als *Aktion* bzw. *Passion* beschrieben. In jeder Begegnung zweier *Ich*, die sich im gegenständlichen Gewordensein äußert, kommt es in einem wechselseitigen Verhältnis zu aktiven und passiven Widerfahrnissen. Die Realisierung des eigenen Willens erfährt das *Ich* als *Aktion*, die Materialisierung des *Du*-Willens als Passion, also als ein „Erleiden". Dabei stellen *Aktion* und *Passion* jeweils dasselbe prozesshafte Geschehen dar. Die Auswirkung einer *Aktion* des *Ich* stellt für das *Du* eine *Passion* dar und umgekehrt. Die eigentliche Begegnung zwi-

---

[6] HEIM, *Glaube und Denken*, S. 130f.

[7] Der *Voluntarismus* ist eine philosophische Richtung, die den Menschen und die Welt insgesamt als willentlich bestimmt. Die Wirklichkeit wird als Kräfte miteinander ringender Willen verstanden.

schen den beiden einander jeweils jenseitigen, weil verborgenen Bewusstseinswelten von *Ich* und *Du* geschieht jedoch erst im Wort. Das Wort erschließt den dynamischen Vorgang der willentlichen Weltgestaltung, indem hinter den äußeren Erscheinungsformen des Wortes (Schall und Buchstabe) die innere Kraft des Geistes offenbar wird. Das Wort repräsentiert in seinem Wesen den unaufhörlichen Übergang vom *Ich* zum *Es* bzw. vom Werden zum Gewordenen. Es lässt das *Du* teilhaben an der Weltgestaltung des *Ich*. Im Wort liegt die dimensionale Grenzerfahrung der Bewusstseinswelten, d.h. menschlicher Personen. Sie bleiben füreinander unbegreiflich, obwohl sie gerade durch das Wort voneinander wissen.

4.4 Der überpolare Raum Gottes

Heim hat sein Konzept der verschiedenen Raumdimensionen entwickelt, um angesichts der säkularen Ablehnung des personalen Gottes philosophisch die Grundlagen für die Denkmöglichkeit des christlichen Glaubens an einen persönlichen Schöpfer zu schaffen. Diese Aufgabe, den Glauben als denkmöglich zu erweisen, sieht Heim durch den Aufweis *polarer*, d. h. *innerweltlicher* Räume und die Entdeckung des *Ich-Raumes* als erfüllt an. Der herkömmliche theologische Begriff der Jenseitigkeit ist – wie wir gesehen haben – im Zuge der neuzeitlichen astronomischen und physikalischen Forschung sinnlos geworden. Denn wenn das Universum unendlich ist, gibt es für ein Jenseits, in dem Gott wohnt, keinen Platz mehr. Der Begriff „Jenseits" kann nach Heim erst dann wieder verstanden und positiv gefüllt werden, wenn die Beziehung der verschiedenen polaren Räume zueinander als innerweltliches Transzendenzverhältnis aufgefasst wird. Gegenüber der buddhistischen Bestreitung des *Ich* kann nunmehr die Entdeckung des *Ich-Raumes* geltend gemacht werden. Das *Ich* wurde durch den *philosophischen Personalismus* der *Existenzphilosophie* seit *Sören Kierkegaard* (1813–1855) und durch die Dialogphilosophie *Martin Bubers* (1878–1965) entdeckt und in existenzialen Kategorien inhaltlich beschrieben. Wer sich auf diese philosophische Horizonterweiterung einlässt, dem erschließt sich mit notwendiger Evidenz die Struktur des *Ich-Du-Raumes* und er kann in diesen Raum eintreten und der Beschreibung seiner Inhalte rational folgen. In diesem Sinne beansprucht Heim die rationale Argumentation der neueren Philosophie, um die Realität des *Ich* gegenüber dessen Ablehnung im *pantheistischen Mystizismus* – speziell dem Buddhismus – aufzuweisen. Das Beweisverfahren entspricht weitgehend jenem, das Heim gegenüber dem *säkularen Materialismus* angewandt hat. In dieser Auseinandersetzung zeigte Heim, wie wir bereits gesehen haben, dass sich im Licht der Erkenntnisse der modernen naturwissenschaftlichen Forschung die naturphilosophischen Voraussetzungen des 19. Jh. (Kausalmechanik, Determinismus, absoluter Raum, absolute Zeit, ewige Materie etc.) als falsch erwiesen haben. Da die Naturphilosophie des 19. Jh. Gott negierte, wollte Heim durch den Hinweis auf die *Verneinung der Negation* den Freiraum für die *Position* des Glaubens neu eröffnen. Analoges gilt nun hinsichtlich der Personalität Gottes, wenn auch nicht unter Berufung auf die naturwissenschaftliche, sondern auf die philosophische Forschung. Die philosophischen Gründe für die Leugnung Gottes, nämlich die Bestreitung des Rechtes, von Einzelpersonen überhaupt zu reden, weist Heim mit Hilfe der Existenzphilosophie als falsch zurück. Der philosophisch argumentierende Buddhismus soll damit von seinen eigenen Voraussetzungen her *ad absurdum* geführt werden. Aus der *Negation der Negation* soll dann wiederum die Freiheit für die *Position* des christlichen Glaubens aufgezeigt werden.

Mit seiner Philosophie der Räume will Heim also das innerweltliche Vorfeld gegenüber den unterschiedlichen Formen des Säkularismus klären, um dann zu der entscheidenden Frage nach der Denkmöglichkeit Gottes vorzustoßen. Denn wenn es auch keine innerweltlichen, naturwissenschaftlichen oder philosophischen Beweise für die Existenz Gottes gibt, so bleibt doch die Herausforderung, nach Hinweisen auf Gott, wie sie sich möglicherweise aus den Strukturen und den Inhalten des polaren Raumes ergeben, zu suchen. In dem Band „GLAUBE UND DENKEN" erörtert Heim deshalb im letzten Kapitel nochmals summarisch die *polare Struktur aller innerweltlichen Räume*, um schließlich zu der entscheidenden Frage vorzudringen, ob es einen *überpolaren Raum Gottes* gibt oder nicht.

„Die Polarität aller innerweltlichen Verhältnisse"[8] ist nach Heim durch folgende Strukturmerkmale gekennzeichnet: Die letzten Realitäten sind nicht im Sinne der klassischen Philosophie *Subjekte* und *Objekte*, sondern *Räume*. Diese sind unabschließbar, können sich aber dimensional begegnen. Von den dimensionalen Eigenschaften der verschiedenen Räume sind die jeweiligen Inhalte in den einzelnen Räumen klar zu unterscheiden. Die Teilräume der Gegenstandswelt stehen untereinander in einer *ruhelosen Polarität,* in der sie sich gegenseitig bedingen und durchdringen. Auch der *Ich-Raum* verhält sich zur gegenständlichen Welt als Ganzer polar. Der Mensch als bewusstes Subjekt erleidet die Ruhelosigkeit der Polarität als tiefe existenzielle Unsicherheit und Ungeborgenheit und sehnt sich nach Erlösung aus den Spannungsfeldern der *Ich-Du-Polarität.*

Von den polaren Räumen der Welt unterscheidet Heim nun „Das überpolare Ursein"[9]. Dieses Ursein wird als ein die Polarität des irdischen Seins übergreifender Raum der Allgegenwart Gottes beschrieben. In ihm sind die Gesetze des polaren Raumes, der polaren Zeitform und die Polarität des individuellen **HINWEISE AUF GOTT, DIE SICH AUS DEN STRUKTUREN DES ÜBERPOLAREN RAUMES ERGEBEN** *Ich-Du-Raums* aufgehoben und überboten. Wichtig ist, dass zwischen dem polaren Sein der Welt und dem Raum des allmächtigen Gottes keine Polarität besteht. Gott und Welt bedingen sich also gegenseitig nicht. Das wird zusätzlich daran deutlich, dass Heim eindeutig zwischen dem überpolaren Raum Gottes und Gott selbst unterscheidet. Der überpolare Raum ist der Ort der Selbstkundgabe, der Offenbarung Gottes:

> „Wie die Sprache nicht der Inhalt des Buches selbst ist, sondern die Form, in der dieser Inhalt sich einer bestimmten Lesergemeinde kundgibt, so ist auch der überpolare Raum, in dem Gott für uns gegenwärtig ist, nicht die Wirklichkeit Gottes selbst. Die-

---

[8] So überschreibt HEIM in *Glaube und Denken* (S. 183-189) den zusammenfassenden Abschnitt über die polaren Räume.

[9] HEIM, *Glaube und Denken,* S. 207-213.

se letzte Wirklichkeit bleibt ‚das ganz andere' und völlig Unfaßbare, das dem Zugriff unseres Denkens und unserer Beobachtung völlig entzogen ist. Es steht uns weder als Objekt gegenüber, wie uns die körperlichen Gegenstände gegeben sind, noch steht es uns als Du gegenüber in dem Sinn, wie im polaren Raum Ich und Du einander gegenüberstehen. Wenn wir vom überpolaren Raum sprechen, kann damit nicht die ewige Wirklichkeit Gottes selbst gemeint sein, sondern nur ein Aspekt, eine uns zugekehrte Seite, von der aus Gott, wenn er sich uns überhaupt erschließen will, für uns, die wir hier miteinander reden, allein zugänglich sein kann."[10]

Mit dieser Überlegung versucht Heim auch den Einwand abzuwehren, er wolle mit seiner Raumphilosophie letztlich eine seinsmäßige Entsprechung von Gott und Welt begründen. Der Raumbegriff stellt für Heim nur ein Denkmodell dar, das in der Wissenschaftssprache des 20. Jh. verständlich ist. In der Sache bzw. in seinen Inhalten kann der überpolare Raum nicht mit den Denkmöglichkeiten des polaren Raumes erfasst und beschrieben werden. Denn der polare Raum, den Heim unter Berufung auf 2. Korinther 4,18 als das „Zeitliche" bestimmt, steht unter grundlegend anderen Strukturen als der Raum der Allgegenwart Gottes bzw. seiner Ewigkeit. Wichtig ist jedoch, dass die Wirklichkeit der polaren Welt von der Allgegenwart Gottes jederzeit durchdrungen ist. Damit kann jede natürliche Erscheinung und jedes geschichtliche Ereignis auf doppelte Weise beschrieben werden: aus der Sicht des polaren Raumes naturwissenschaftlich, historisch, philosophisch etc. und gleichzeitig auch theologisch im Sinne der durch den überpolaren Raum gegebenen Offenbarung. Ob nun ein Phänomen bzw. Ereignis nur aus der polaren Sicht

JEDE NATÜRLICHE ERSCHEINUNG LÄSST SICH AUS DER PERSPEKTIVE DES POLAREN WIE AUCH DES ÜBERPOLAREN RAUMS BESCHREIBEN.

---

[10] HEIM, *Der christliche Gottesglaube und die Naturwissenschaft.* Erster Teilband: *Grundlegung. Der evangelische Glaube und das Denken der Gegenwart* (Grundzüge einer christlichen Lebensanschauung, Band IV), Tübingen 1949, S. 183f.

unter Ausschluss der überpolaren Dimension beschrieben wird oder unter deren Einschluss, darin unterscheidet sich für Heim Säkularität und Glaube. Hierbei stellen sowohl Säkularität als auch Glaube jeweils nicht nur einen erkenntnistheoretischen, sondern vor allem einen praktischen Vollzug des Lebens dar.

> „Dieses Verhältnis, bei dem ein und dieselbe Wirklichkeit unter zwei verschiedenen Aspekten erscheint, ist aber nicht zwischen Inhalten, sondern nur zwischen zwei Räumen möglich, in denen derselbe Inhalt verschieden angeordnet ist. Nur so ist die Haltung verständlich, die die Menschen, von denen schon das Alte Testament erzählt, immer wieder eingenommen haben."[11]

Heim verdeutlicht dies an einer Reihe von biblischen und außerbiblischen Selbstzeugnissen, wie z. B. an der Gestalt des Hiob. Dieser kann sein Unglück auf durchaus rational begreifbare Vorgänge wie Überfall, Naturkatastrophen etc. zurückführen und sieht sein Geschick doch völlig im Licht des überpolaren Raumes, wenn er bekennt: „Der Herr hat's gegeben, der Herr hat's genommen; der Name des Herrn sei gelobt!" (Hiob 1,21).[12]

---

[11] HEIM, *Der christliche Gottesglaube und die Naturwissenschaft*, S. 194f.
[12] HEIM, *Der christliche Gottesglaube und die Naturwissenschaft*, S. 195.

5. GÖTZENDÄMMERUNG IN DEN NATUR-WISSENSCHAFTEN – HEIMS AUSEINANDER-SETZUNG MIT DEM MATERIALISTISCHEN SÄKULARISMUS

Mit nichts anderem ist der Name des Theologen Karl Heim unmittelbarer verknüpft als mit den Fragen der modernen naturwissenschaftlichen Forschung und ihrer Bedeutung für den christlichen Glauben. Während sich die protestantische Theologie seit der Vernunftkritik des Philosophen *Immanuel Kant* (1724–1804) auf die Innerlichkeit der Seele und die Moralität des Menschen zurückgezogen hatte, überließ sie die Welt der Tatsachen den Naturwissenschaften und verzichtete weitestgehend darauf, einen weltanschaulichen Wahrheitsanspruch allgemeinverbindlich geltend zu machen. Die Naturwissenschaften sind mit ihrer mathematischen Exaktheit zur methodischen Leitwissenschaft der Moderne geworden und haben die Theologie in ihrer Vorrangstellung an der Universität nicht nur abgelöst, sondern an den Rand der Wissenschaftsgemeinschaft gedrängt. Aber nach den schmerzlichen und verheerenden Streitigkeiten um *Galileo Galileis* (1564–1642) heliozentrisches Weltbild und die Evolutionstheorie von *Charles Darwin* (1809–1882) empfanden die meisten protestantischen Theologen die Selbstbeschränkung der Theologie auf die subjektive und existenzielle Erfahrbarkeit des Glaubens im Sinne *Friedrich Schleiermachers* (1768–1834) als Befreiungsschlag. Eine Theologie, die sich damit begnügte, das „Dass" der Schöpfung festzuhalten, ohne irgendein realwissenschaftliches Interesse damit zu verbinden, schien den gordischen Knoten durchschlagen zu haben. Der Preis war allerdings hoch. Gerade die naturwissenschaftlich gebildeten Studenten standen durch ihre gymnasiale Schulung und noch mehr durch ihre Fachstudien unter dem massiven Eindruck des naturwissen-

DIE PROTESTANTISCHE THEOLOGIE HAT SEIT KANT DIE WELT DER TATSACHEN DEN NATURWISSENSCHAFTEN ÜBERLASSEN.

schaftlich begründeten Atheismus. Für die Bildungseliten des späten 19. und des frühen 20. Jh. stand fest, dass der christliche Glaube in seinem Wahrheitsanspruch widerlegt sei. Dieses Urteil bestimmte das Naturbild der Jahrhundertwende. Unter Verweis auf die uneingeschränkte Gültigkeit des Kausalgesetzes, dem die gesamte materielle Welt unterworfen sei und über die hinaus es keine Wirklichkeit gebe, bestritt man den Wahrheitsanspruch des Christentums. Die moderne Theologie mit ihrem Hinweis auf die religiöse Empfindung als existenzielle Erfahrung des Subjekts erschien Naturwissenschaftlern als blaß und wenig überzeugend. Eine Theologie, die kein alternatives Welt- und Wirklichkeitsbild zum Materialismus anzubieten hatte, war bestenfalls religiöse Lyrik angesichts der harten Tatsachen exakter Wissenschaft. Die konfliktreiche Ausgangslage wurde besonders von Studenten, die aus der Erweckungsbewegung des 19. Jh. hervorgegangen waren, als tiefe Glaubensanfechtung erlebt.

In diese geistig angespannte Situation hinein schlug Karl Heim mit seinem intensiven Bemühen um die moderne Physik eine Bresche. Er hatte erkannt, daß sich durch die Relativitätstheorie und Quantenphysik in der ersten Hälfte des 20. Jh. ein radikaler Paradigmenwechsel anbahnte, der das atheistische Naturbild des 19. Jh. total in Frage stellte. So verwundert es nicht, daß nicht nur Theologiestudenten, sondern Hörer aller Fakultäten sich in Heims Lehrveranstaltungen drängten. Selbst das *Auditorium maximum* der Tübinger Universität vermochte die über tausend Studenten, die Heim hören wollten, nicht zu fassen. Besonders die regelmäßige Vorlesung über „Die Wandlung im naturwissenschaftlichen Weltbild" fand großes Interesse. Der fünfte Band in Heims Hauptwerk trägt diesen Titel und soll hier in seinem Argumentationsgang kurz dargestellt werden.

Karl Heim geht in seiner Diskussion des Problems zwischen Glaube und Naturwissenschaft von der Erklärung *Martin Luthers* zum ersten Gebot im Großen Katechismus aus. Luther macht hier deutlich, dass jeder Mensch notwendig zur Begründung seiner Existenz eine feste Grundlage seines Urvertrauens braucht. Jeder Mensch glaubt in dem Sinne, dass er

JEDER MENSCH GLAUBT IN DEM SINNE, DASS ER SEIN VERTRAUEN AUF EINE LETZTE WIRKLICHKEIT SETZT.

sein Vertrauen auf eine letzte Wirklichkeit setzt. Diese Wirklichkeit ist entweder der lebendige Gott, wie er sich in der Bibel durch Jesus Christus offenbart hat oder ein innerweltlicher Götze, also materieller Reichtum, menschliche Macht etc. Bei dem Widerspruch zwischen Glaube und Aberglaube, Gottesdienst und Götzendienst geht es also immer darum, dass der Mensch eigenmächtig eine kreatürliche Größe in den Rang Gottes erhebt. Im Sinne dieser fundamental-theologischen Auslegung des ersten Gebots macht Heim deutlich, dass die Naturwissenschaft die Götzenbilder der Neuzeit errichtet hat. Die damalige Wissenschaft hat unter Hinweis auf ihre Weltdeutung den persönlichen Gott des christlichen Glaubens geleugnet. So entstand die Frage nach einem letzten Halt und Grund für den suchenden Menschen. Die Antwort, die das Naturbild des 19. Jh. philosophisch auf diese Frage gab, war die Konstruktion einer Vergötterung der Natur: Die ganz auf die Mechanik Newtons aufbauende Physik hatte ein materialistisches Weltbild entworfen, das in sich strikt nach dem Ursache-Wirkungsprinzip aufgebaut war. Im Sinne dieser Mechanik ist die Welt eine geschlossene Größe in der einzig materielle Größen aufeinander einwirken. Die wechselseitige Beziehung materieller Objekte geschieht ausschließlich nach den mathematisch formulierten Naturgesetzen. Aufgrund dieser Vorherbestimmung lassen sich gleichsam alle Zustände der Welt nach vorne und hinten exakt berechnen. In diesem geschlossenen System ist kein Platz für ein Handeln Gottes. Wunder sind ausgeschlossen und das Gebet um ein Eingreifen Gottes ist unsinnig. Stattdessen bekommt die kreatürliche Welt göttliche Eigenschaften zugesprochen:

> „Überall, wo in der Naturbeschreibung ein Absolutum auftaucht, wo also mit einer Größe gerechnet wird, die keiner anderen Größe bedarf, durch die sie existiert, die vielmehr nur durch sich selbst da ist, oder mit einer Daseinsform, die keiner anderen Daseinsform bedarf, zu der sie relativ in Geltung steht, sondern die lediglich durch sich selbst gilt, da ragt der Glaube in die Naturbeschreibung herein, auch wenn das Wort Gott oder Glaube dabei überhaupt nicht vorkommt. Denn die subjektive Funktion, die jedem Absolutum entspricht, ist das, was Luther im Großen Katechismus meint, wenn er von dem spricht,

worauf wir unbedingt vertrauen und uns ganz und gar verlassen können. Diese Funktion des unbedingten Vertrauens ist nicht bloß einer unsichtbaren Persönlichkeit gegenüber möglich, die wir uns als Vater im Himmel thronend vorstellen. Sie kann auch einer Größe gegenüber in Kraft treten, die sich nur abstrakt ausdrücken läßt."[1]

Nach biblischer Überzeugung ist allein Gott ewig und absolut unabhängig. Er als der Schöpfer bestimmt in jedem Augenblick und jedem Detail den Gang seiner Schöpfung. Nun aber erklärt die materialistische Naturphilosophie des 19. Jh., dass jedes gegenständliche Objekt der Welt, sowie der Raum und die Zeit, in denen sie sich bewegen, absolute, ewige und unveränderliche Größen seien, die von keinem Schöpfer abhängig sind. Das Weltgeschehen vollzieht sich in absoluter *Determination*[2] aus seinen eigenen Kräften und bedarf zu seiner Erklärung keiner schöpfungstheologischen Offenbarung. Was bedeutet dies im Einzelnen? Um welche *Absoluta* geht es im Naturbild des 19. Jahrhunderts? Heim beschreibt drei Absolutsetzungen bzw. Vergötzungen der Natur:

„Es geht dabei vor allem um drei Absoluta. Das erste Absolutum ist das absolute Objekt, also die Voraussetzung, daß es einen objektiven Tatbestand gibt, der völlig unabhängig von irgendeinem Subjekt, also vom Standpunkt eines Beobachters oder experimentierenden Zuschauers, eine ganz bestimmte Gestalt und Beschaffenheit hat. Das zweite Absolutum ist der absolute Raum und die absolute Zeit. Das war die letzte Voraussetzung, auf der nach Newtons grundlegendem Werk die ganze klassische Physik aufgebaut war. Das dritte Absolutum ist die absolute Determination des Weltgeschehens, also die Voraussetzung, daß der Gang des Weltgeschehens absolut festliegt, weil er dem allgemeingültigen Kausalgesetz unterliegt, nach welchem ein Ereignis mit Notwendigkeit aus den vorausgehenden Ereignissen folgt. Nach

---

[1] HEIM, *Die Wandlung im naturwissenschaftlichen Weltbild*, Hamburg ³1954, S. 22.
[2] *Determination* ist die durch das *Kausalitätsprinzip* festgelegte und damit vorausberechenbare Entwicklung der Dinge in einem abgeschlossenen System.

Laplace könnte ein allwissender Geist, der die Natur in einem Augenblick vollständig überschaute, alles, was jemals geschah, rückwärts erschließen und alles, was jemals geschehen wird, exakt vorausberechnen."[3]

5.1 Das absolute Objekt

Die materialistische Naturphilosophie glaubt zuerst und vor allem an die Ewigkeit der Atome. Dem liegt die Vorstellung zugrunde, dass die Materie ein absolutes Objekt darstellt, das unabhängig vom menschlichen Subjekt in sich selbst gegründet ist. Diesem materialistischen Atomismus stellt nun Heim die Ergebnisse der Forschung *Einsteins* und anderer moderner Physiker entgegen. Die Atomphysik hat nachgewiesen, dass z. B. die kleinsten Elementarteilchen keinesfalls ewige, unteilbare und rein materielle Größen sind, die wie Kugeln nach mechanischen Gesetzen aufeinander einwirken. Die Elementarteilchen sind keine starren substanziellen Gebilde, die mit sich selbst identisch bleiben. Einige sind objektivierbar, andere nicht. Die Elementarteilchen befinden sich in ununterbrochener Verwandlung, deren Ursachen bislang nicht erklärbar sind und deren Verhalten im mikrokosmischen Bereich nicht vorhersehbar ist. Die materialistische Philosophie war in ihrem Glauben an das absolute Objekt der Überzeugung, dass sich alle Erscheinungen in der Natur eindeutig bestimmen lassen. Durch die Forschung am Phänomen des Lichts wurde jedoch durch die Physik selbst unzweideutig erwiesen, dass diese Hypothese naturwissenschaftlich eindeutiger Bestimmung der Elementarteilchen so nicht zutrifft. Denn das Licht verhält sich bei gewissen Versuchsanordnungen wie eine Welle und in anderen Versuchsanordnungen

> **DIE ART, WIE DAS MENSCHLICHE SUBJEKT IM EXPERIMENT DIE NATUR BEFRAGT, BEEINFLUSST ENTSCHEIDEND DIE ANTWORT, DIE DIE NATUR AUF DIE GESTELLTE FRAGE GIBT.**

---

[3] HEIM, *Die Wandlung im naturwissenschaftlichen Weltbild*, S. 25.

wie winzige Teilchen. Nun schließen sich die Erklärungsmodelle Teilchen und Welle aber physikalisch wechselseitig aus. Im Sinne der Naturphilosophie des 19. Jh. stieß die Physik damit in ihrer Naturbeschreibung auf einen Selbstwiderspruch, da das Licht entweder Welle oder Teilchen, aber nicht beides zugleich sein kann. Um das Dilemma zu beschreiben und auf einer höheren Ebene zu erklären, sprachen die Physiker davon, dass das Licht ein komplementäres Phänomen sei, das je nach Versuchsanordnung und forschendem Subjekt. Das Licht lässt sich nicht mehr in einem eindeutigen Bild beschreiben. Nicht philosophische Spekulationen, sondern experimentelle Tatsachen der Physik drängen also zu der Einsicht, dass sich das Subjekt des Forschers und das Objekt der Natur in einem spezifischen Verhältnis zueinander befinden. Die Art, wie das menschliche Subjekt im Experiment die Natur befragt, beeinflusst entscheidend die Antwort, die die Natur auf die gestellte Frage gibt. Mit diesen naturwissenschaftlichen Erkenntnissen wird der Glaube an die ewig gleich bleibende Materie als Götzenbild entlarvt. Dabei ist mit „Götzenbild" nicht der Objektivitätsanspruch naturwissenschaftlicher Aussagen an sich gemeint, sondern eine naturphilosophische Ideologie des 19. Jh.

5.2 Der Glaube an den absoluten Raum und die absolute Zeit

Der Mensch hat ein geradezu religiöses Bedürfnis nach Geborgenheit, d. h. unveränderlichen, absoluten Größen seines Weltbezugs. Aus diesem Grund glaubt er sich in einem Kosmos, dessen räumliche Dimensionen und dessen zeitliche Koordinaten unveränderlich feststehen. Alle zeitliche und räumliche Messung orientiert sich an diesen Grundvorstellungen. Nun hat bereits *Kopernikus* den Glauben an einen festen Weltmittelpunkt erschüttert, in dem er nachwies, dass nicht die Erde die ruhende Zentralstellung in der Welt einnimmt, sondern die Sonne der feste Mittelpunkt unseres planetarischen Systems ist. Doch auch dieser Halt wurde durch die Konzeption *Giordano Bruno* aufgesprengt, in dem er aufzeigte, dass in einem unendlichen Universum überhaupt kein einzelnes Gestirn als ruhender Weltmittelpunkt infrage kommt. Schließlich wurde der Glaube an einen festen Weltmittelpunkt durch die Relativitätstheorie *Albert Einsteins* vollends widerlegt. Einstein konnte nachweisen, dass die Ergebnisse raum-zeitlicher Messungen vom Bewegungszustand des Beobachters abhängen. Auf Grund der Konstanz der Lichtgeschwindigkeit müssen unterschiedliche Zeitmaße vorausgesetzt werden. Damit haben der absolute Raum und die absolute Zeit als Selbstvergötterung eines materialistischen Weltbildes ihre unbedingte Geltung verloren, und dies ungeachtet der Tatsache der absoluten Konstanz der Lichtgeschwindigkeit, die nach ihrer Feststellung durch Einstein im 20. Jh. nicht ideologisch gedeutet wurde.

5.3 Die absolute Determination

Wenn der Mensch mit Hilfe des Kausalgesetzes exakt über die Aufeinanderfolge von Ursachen und Wirkungen bescheid weiß, hat er einen verlässlichen Schlüssel für die Prognose zukünftiger Weltereignisse. Denn die Kausalstruktur des Gravitationsgesetzes ermöglicht es z. B., auf die Minute genau eine Sonnenfinsternis vorauszuberechnen. Ein solches Naturereignis hat frühere Generationen noch in Angst und Schrecken versetzt. Der Glaube an die absolute Determination, d. h. Vorherbestimmung des Geschehens auf Grund der Daten von Ursache und Wirkung war in der Neuzeit auf drei verschiedenen Wegen begründet worden. *Pierre Simon Laplace* (1749–1827) glaubte an die mechanische Berechenbarkeit des Weltgeschehens. Der *Empirismus* leitete das Geschehen aus einer notwendigen Abfolge von Wiederholungen im Sinne einer absoluten Aufeinanderfolge des Geschehens ab. *Kant* sah schließlich die Allgemeingütigkeit des Kausalgesetzes in einer Kategorie des Verstandes begründet, die es dem Menschen von vornherein möglich macht, die Ereignisse im Naturgeschehen als Abfolge von Ursache und Wirkung zu

MIT DEM AUFWEIS DER SUBJEKTIVITÄT UND RELATIVITÄT IN DER MODERNEN PHYSIK HAT HEIM DIE GÖTZENBILDER DER NATURPHILOSOPHIE DES 19. JAHRHUNDERTS ZERSCHLAGEN.

erklären. Eine Welt, in der sich jedoch die kleinsten Bestandteile des materiellen Seins, z. B. Elektronen, in wechselnde Energieformen auflösen, lässt keine Determination zu. Auf sie ist das Kausalgesetz nicht mehr anwendbar, da die Voraussetzungen nicht mehr gegeben sind. Die so genannten Naturgesetze legen zwar durch ihre mathematische Struktur ihrer Modelle den Schluss nahe, es handele sich im Naturablauf um ein Geschehen, dass sich mit logischer Notwendigkeit vollzieht. In der Natur begegnen wir aber keinen absolut logischen Strukturen, sondern statistischen Erfahrungswerten. Die durch das *Induktivionsverfahren*[4] erhobenen empirischen Daten lassen nur Wahrscheinlichkeitsprognosen zu. Auch die hohe statistische Wahrscheinlichkeit kann – besonders im mikroskopischen Bereich – durch ein unvorhergesehenes Ereignis durchbrochen werden. Wenn der Aufgang der Sonne sich auch punktgenau für den morgigen Tag berechnen lässt, steht noch längst nicht fest, ob unser Sonnensystem nicht vorher implodiert und damit alle bisherige Statistik zunichte macht. Damit ist klar, dass die Natur als solche dem Menschen keine absolute Zukunftsgewissheit und Geborgenheit geben kann, da die gesamte Wirklichkeit relativen Größen unterworfen ist. Absolute Gewissheit in einem die ganze Existenz umfassenden Sinn vermag nur der Glaube an den Schöpfer zu geben.

Mit diesem Nachweis der Nichtobjektivierbarkeit und Relativität in der modernen Physik hat Heim die Götzenbilder der Naturphilosophie des 19. Jh. zerschlagen und eine Götzendämmerung in den Naturwissenschaften aufgezeigt, die von hoher theologischer Relevanz ist.

---

[4]   Induktion meint die Beobachtung einzelner Fakten und den Schluss von den empirischen Daten auf allgemeine Gesetze, im Gegensatz zur umgekehrt verfahrenden Denkmethode der Deduktion.

5.4 Was bedeutet dies für die Frage nach dem Wesen des Wunders

Da sich im atomaren Bereich durch Elementarteilchen die gesamte materielle Welt aufbaut, können, wenn Gott als der Schöpfer und Erhalter dies will, jederzeit Dinge geschehen, die mit dem kausalen Naturablauf nicht übereinstimmen bzw. der naturgesetzlichen Statistik entgegenstehen. Gott hält also nicht, wie der mittelalterliche Theologe *Thomas von Aquin* dies angenommen hatte, das Weltgeschehen plötzlich an, um ein Wunder zu vollziehen und lässt dann das ganze wieder in seinem gesetzmäßigen Verlauf weiter gehen, sondern er handelt in jedem Augenblick, sei es durch die statistischen Strukturen der Naturgesetze, sei es durch andere freie Willensentscheidungen, die wir dann als Wunder wahrnehmen. Dieser freie Wille Gottes widerspricht den Naturgesetzen nicht, sondern lässt ein unterschiedliches schöpferisches Handeln Gottes zu.

5.5 Die neue Freiheit für den Glauben

Auf Grund der Forschungsergebnisse der modernen Physik im Bereich der Relativitätstheorie und der Quantenmechanik war es Heim möglich, das philosophisch-ideologische Naturbild des 19. Jh., das Gott geleugnet hatte, zu widerlegen.

„Durch die allgemeine Relativitätstheorie sind nicht nur die raumzeitlichen Bilder, die von verschiedenen Bezugssystemen aus entstehen, relativiert und zu Weltaspekten von Subjekten geworden, die die Wirklichkeit unter verschiedener Perspektive sehen, sondern sie hat dasselbe Verfahren auf die ganzen Räume übertragen, innerhalb deren wir die Ereignisse von verschiedenen perspektivischen Punkten aus sehen können. Diese Räume sind, wenn wir sie im Sinne der Kantischen Philosophie deuten, zu Anschauungsformen geworden, die potentiell als objektive Möglichkeiten in der Wirklichkeit sind. In diesem Sinne gehören diese raumzeitlichen Anschauungsformen mit der Materie unzertrennlich zusammen. Sie können aber nur realisiert werden, wenn bewußte Wesen da sind, die in bestimmten Räumen leben. Damit ist zunächst auch der letzte Rest der ptolemäischen Objektivität, der in der absoluten Raumzeit Newtons übriggeblieben war, vollends in Trümmer gelegt. Aber auf diesen Trümmern erhebt sich der Neubau einer tiefer gegründeten Objektivität. Daß nicht nur jenseits der wechselnden Bezugssysteme, sondern auch jenseits des Gegensatzes der möglichen Räume ein Reales steht, das sehen wir daran, daß nicht nur die Systeme ineinander umgerechnet werden können, sondern auch die Räume in einem exakten mathematischen Verhältnis zueinander stehen, das wir symbolisch ausdrücken, wenn wir von der Raumkrümmung reden, durch die aus Bezugssystemen Bezugs-Mollusken werden."[5]

Aus den genannten Sachverhalten ergibt sich eine doppelte Verneinung. Die Naturwissenschaft des 19. Jh., die Gott verneint hatte, wurde von der Naturwissenschaft des 20. Jh. verneint. Auf Grund dieser doppelten Verneinung konnte Heim seinen Studenten nicht nur Glaubenshindernisse aus dem Weg räumen, die im Namen der Naturwissenschaften errichtet worden waren, sondern auch eine neue Freiheit zum Glauben eröffnen. Wer naturwissenschaftlich gebildet ist und auf dem neusten Stand der physikalischen Forschung steht, kann mit intellektueller Redlichkeit Gott als Schöpfer und Herrn der Welt bekennen und darf mit Gottes Handeln in der Welt rechnen. Die Erwartung, dass Gott Gebet erhört und Wunder tut, ist im Kontext der neueren Naturwissenschaft zwar nicht denknotwendig, sehr wohl aber denkmöglich.

[5] HEIM, *Die Wandlung im naturwissenschaftlichen Weltbild*, S. 112f.

6. Faszination Buddhismus – Heims Auseinandersetzung mit der Mystik

Die Mystik der ostasiatischen Hochreligionen des Hinduismus und Buddhismus hatte im 19. Jh. begonnen, die Menschen in Europa zu faszinieren. Kann der kleine Mensch mit der göttlichen Wirklichkeit verschmelzen? Wie ist Erlösung aus den leidvollen Verstrickungen des Lebens möglich? Wie können wir uns aus den menschlichen Begierden befreien und zur weltüberlegenen Gelassenheit finden? Besonders der Buddhismus gibt in seiner Andersartigkeit hier Antworten, die dem westlichen Menschen attraktiv erscheinen. Damit stellen die ostasiatischen Hochreligionen eine Herausforderung für den christlichen Glauben dar, die Karl Heim in seinem theologischen Werk gründlich und umfassend bedacht hat.

6.1 Das Selbst erkennt sich als Illusion und Ursprung des Leidens – zum Verständnis buddhistischer Spiritualität

1922 besuchte Heim im Rahmen einer Studienreise Ostasien. Er wurde von dem Japanologen *Wilhelm Gundert* durch eine Reihe buddhistischer Klöster begleitet. Durch die Vermittlung Gunderts erhielt er die Möglichkeit, mit Äbten des Zen-Buddhismus zu sprechen. Diese unmittelbare Begegnung mit der Geisteswelt des Zen-Buddhismus eröffnete Heim elementare Einsichten im Blick auf die asiatische Religiosität. Die anschließend von ihm publizierten religionswissenschaftlichen und missionswissenschaftlichen Aufsätze haben ihren Ursprung in den in Japan geführten Gesprächen:

> „Als ich nach dem Besuch der Zen-Meditationshalle durch die langen Gänge des großen Klosterbaus wieder herauskam, vorbei an den hohen Wänden, die überall mit impressionistisch hingeworfenen Werken der Zen-Kunst bemalt waren, war es mir, als

wäre mir in diesen kurzen Stunden, die ich mit dem Abt und seinen jungen Mönchen habe zubringen dürfen, eine gewaltige Schau aufgegangen. Ich sah unter den Eindrücken, die ich in diesen Klostermauern erhalten hatte: Die Menschheit, soweit sie überhaupt noch Sinn für das Ewige hat, steht an einem Scheideweg, von dem aus zwei Wege ausgehen, die zu zwei völlig entgegengesetzten Zielen führen. Der Punkt, an dem sich die Geister scheiden, ist die Stellung, die wir dem Einzel-Ich jedes Menschen gegenüber einnehmen."[1]

Die Beurteilung des individuellen Menschen als nichtiges, völlig unbedeutendes Phänomen der Erscheinungswelt war Heim gleich zu Beginn seines Klosterbesuchs als das Wesensmerkmal buddhistischen Weltverständnisses bewusst geworden. Dem Buddhismus geht es entscheidend darum, die Individualität der Einzelseele als bloße Illusion, als täuschenden Schleier der Maya[2] zu durchschauen. Die persönliche Welt des Einzelnen, mit ihrer Lust und ihrem Leid in den Existenzkampf verwickelt, ist nur trügerische Vorstellung des kleinen Ich, dem keine wahre Realität zukommt. Alles Individuelle ist Blendwerk egoistischer Vorstellungen, ein vorübereilender Traum, aus dem es zu erwachen gilt.

DIE BEURTEILUNG DES INDIVIDUELLEN MENSCHEN ALS NICHTIGES PHÄNOMEN DER ERSCHEINUNGSWELT – DAS WESENSMERKMAL BUDDHISTISCHEN WELTVERSTÄNDNISSES.

Durch diese Abwertung der Einzelperson erweisen sich Buddhismus und Brahamismus als die wichtigsten Exponenten mystischer Religiosität. Die Entlarvung des *Ich* als purer Schein bestimmt das Verhältnis der asiatischen Hochreligionen zur Welt und Geschichte grundlegend, indem der Drang zur Individuation, wie er im Wollen des Menschen zum Ausdruck kommt, als Ursache allen Leidens angesehen wird. Das Verlangen nach Leben weckt immer neu den Willen, die Mängel der Exis-

---

[1] HEIM, *Ich gedenke der vorigen Zeiten. Erinnerungen aus acht Jahrzehnten*, Hamburg 1957, S. 201.

[2] *Maya* stellt die Illusion des begrenzten, verblendeten Ich dar, das die Realität als nur physisch und mental versteht und das wahre Selbst nicht erkennt.

tenz zu überwinden. Zwischen den menschlichen Bedürfnissen und ihrer Erfüllung tut sich ein Graben auf, der nicht geschlossen werden kann. Das existenzielle Defizit zwischen Bedürfnis und Erfüllung verursacht aber im Menschen ein sinnloses Streben ins Unendliche, das deshalb sinnlos ist, weil die Befriedigung des Lebenshungers Langeweile hervorruft, die in Überdruss umschlägt, und der Überdruss seinerseits unaufhörlich neue Bedürfnisse produziert. Also liegt im individuellen Leben als solchem ein verhängnisvoller Kreislauf, der als Ursache des Leidens durchschaut und überwunden werden muss.

DER UNEIGENTLICH- KEIT DER INDIVIDU- ELLEN EXISTENZ ENTSPRICHT MIT INNERER LOGIK DIE UNEIGENTLICHKEIT DER SCHULD.

Der Kampf ums Dasein, die Sicherung des eigenen individuellen Lebens gegen anderes individuelles Leben, ungeachtet, ob es sich dabei um einen einzelnen Menschen oder ein ganzes Volk in seiner ethnischen Eigenart handelt, ist die einzige Art von Schuldverstrickung überhaupt, denn sie gründet in der Verblendung, gesonderte und besondere Existenz sein zu wollen. Die Schuld individueller Selbstverblendung hat nun allerdings nur uneigentlichen Charakter, denn derjenige, der sie auf sich lädt, ist ja als individuell Handelnder nur in seinem eigenen scheinhaften Sein befangen. Der Uneigentlichkeit der Existenz entspricht im Buddhismus mit innerer Logik die Uneigentlichkeit der Schuld:

„Haß und Feindschaft liegen ja nur auf der Oberfläche des individuellen Daseins. Von dort aus können wir uns die Schuld unserer befleckten Vergangenheit vergeben. Denn unsere Sünden gehören ja zu unserem individuellen Dasein, also zur Oberfläche unseres Wesens. Diese durchschauen wir von der Tiefe her als täuschenden Schein."[3]

Damit kommt der spezifisch buddhistische Erlösungsweg in Sicht. Da nämlich Existenz, Leid und Schuld nur scheinhafte Größen darstellen, kann man sich ihnen im Buddhismus, so Heim, dadurch entziehen, dass

---

[3]   HEIM, „Unsere Verpflichtung zur Weltmission", in: *Leben aus dem Glauben*, Berlin [1]1932, S. 242.

man wie eine Schildkröte im Fall der Bedrohung einfach Beine und Kopf in den Panzer einzieht und so unangreifbar wird. Es gilt also, einen Weg zurück aus der Scheinwelt der individuellen Existenz zu finden.

6.2 Das Selbst erlöst sich durch Nichtung und Einung – der buddhistische Erlösungsweg

In seiner Analyse möglicher Strukturen religiöser Weltanschauungen beschreibt Heim die indische Mystik als jenen Versuch, die polaren Spannungen, die das Weltgeschehen bestimmen, durch den Rückzug auf die hinter allen Spannungsverhältnissen liegende Ureinheit aufzulösen:

„Diese Ureinheit oder coincidentia oppositorum [d. h. das Zusammenfallen der Gegensätze, R. H.] ist zugleich der Urgrund, aus dem die ganze vielheitliche Welt als ihr gebrochenes Spiegelbild hervorgegangen ist. In der Ureinheit kommt also die Warum-Frage des forschenden Menschengeistes zur Ruhe."[4]

Die philosophische Voraussetzung eines solchen Heilsweges ist das Wissen um die seinsmäßige Einheit des Menschen mit dem Universum.

„Die indische Erlösungsreligion sagt: In mir selbst, in dem Sein, in dem ich mich mit allen übrigen Wesen vorfinde, also in meinem tiefsten Wesensgrund, ist das Ewige und Göttliche. Der Wechsel und die Vergänglichkeit, unter denen wir leiden, kräuselt nur die Oberfläche des Meeres. Nur diese ist von den Stürmen des Existenzkampfes bewegt. Der Meeresgrund in der Tiefe ist ruhig. Nur das Einzelsein, das die täuschende Oberfläche unseres Wesens bildet, ist von Haß und Neid und unreinen Leidenschaften aufgewühlt. In der Tiefe unseres Wesens, in der wir mit allen Wesen eins sind, herrscht Stille."[5]

---

[4] Heim, *Glaube und Denken. Philosophische Grundlegung einer christlichen Lebensanschauung*, Hamburg [5]1957, S. 197.
[5] Heim, „Unsere Verpflichtung zur Weltmission", S. 242f.

EINHEIT VON WELT-SEELE (BRAHMA) UND EINZELSEELE (ATMAN)

Die indische Philosophie setzt die wesensmäßige Einheit der *Weltseele*, also des kosmischen und göttlichen *Brahma*, mit der kreatürlichen *Einzelseele*, dem *Atman* voraus. Um nun die Einung des geistigen Seins konkret zu vollziehen, muss das individuelle Bewusstsein gelöscht werden, denn nur dadurch lässt sich die Polarität der Welt aufheben. Praktisch geschieht dies in der meditativen Versenkung, die in höchster Perfektion in den Formen des *Yoga* begegnet. In der Konzentration auf das *Atman* erfährt der Meditierende den *Urgrund des Seins* selbst, nämlich das *Brahma*.

„Bald geht das kleine Ich im großen Ich unter. Du stehst dann über allen Gegensätzen. Du wirst dir des göttlichen Lebens, das in dir und in allem ist, bewußt."[6]

Die mystisch-meditative Einung des Menschen mit Gott bewirkt nach Heim nicht nur das Aufgehen des menschlichen *Ich*, sondern auch das Verschwinden des göttlichen *Du*. Das *Ich*, das für eine personale Gottesbegegnung konstitutiv ist, reißt mit seinem Verlöschen notwendig auch Gott in die Namenlosigkeit des schweigenden Abgrunds, in dem Wort und Antwort ersterben.

Wesentlich bei diesem Erlösungsprozess ist, dass jedes Wesen ungeachtet des zeitlich oft endlos langen Weges, sein Ziel in der Nichtung des individuellen Seins durch die Einung mit dem unterschiedslosen Göttlichen erreichen wird. Einzig das *Wann*, aber niemals das *Dass* der vollen Erleuchtung steht in der buddhistischen Erlösungslehre offen.

Allerdings, so universalistisch das Heil im Buddhismus verstanden wird, so wenig lässt sich auch nur annähernd inhaltlich aussagen, worin die Erlösung positiv besteht.

Die Vorstellung von der als Nichtung und Einung zu vollziehenden Erlösung hat nun sowohl für das Verständnis der Geschichte als auch für die praktische Lebensgestaltung weit reichende Folgen. Zunächst bringt die alle Individualität des Seienden auflösende Mystik eine zykli-

---

[6] HEIM, *Die christliche Ethik. Tübinger Vorlesungen*, nachgeschrieben von Walter Kreuzburg, Tübingen 1955, S. 149f.

sche, d. h. kreisförmig sich wiederholende Struktur der Geschichte mit sich. Jeder Gedanke an Fortschritt und sinnhafte Zielbestimmung liegt diesem Verständnis der Geschichte fern. Denn Natur und Geschichte werden nicht vollendet, sondern nur aufgelöst und damit aufgehoben.

Sodann ergeben sich aus dem pantheistischen Heilsverständnis ethische Konsequenzen, die aus der Nichtigkeit des individuellen Lebensdurstes folgen. Die Negation des Lebensdurstes setzt Kräfte zur Überwindung der Aggression frei. Die individuelle Existenz, in der alle Gegensätze wurzeln, führt zu Feindschaft und damit gewaltsamer, kriegerischer Auseinandersetzung. Weil Feindschaft aber im Prozess der Selbsterkenntnis aufgelöst wird, entfallen mit ihrem Verschwinden notwendig alle Ursachen und Formen des Streites. Wenn das *Ich-Es-Verhältnis* und das *Ich-Du-Verhältnis* im Zusammenhang von *Atman* und *Brahma*, also von Gottesgeist und Menschengeist, unterschiedslos werden, dann ist eben kein Kampf des einen gegen den andern mehr möglich. Wo noch Aggression herrscht, da beruht sie auf verblendeter Selbstzerfleischung, die jeder, der sich auf den Pfad der Erleuchtung begibt, hinter sich zurücklässt.

„Wenn Menschen oder Völker einander bis aufs Blut bekämpfen, ist das dann nur die Folge einer unseligen Verblendung. Sie sind noch nicht zu der erlösenden Erkenntnis durchgedrungen, die in dem magischen Satz enthalten ist: tat twam asi, ,das bist du'. Das Einzelwesen hat noch nicht erkannt, daß das andere Einzelwesen mit ihm selbst identisch ist, daß der Gegensatz zwischen mir und dem anderen nur zur täuschenden Oberfläche der Wirklichkeit gehört. Wenn ein Wesen das andere verdrängt, ausbeutet und quält, schlägt damit das Ich in unseliger Blindheit die Zähne in sein eigenes Fleisch."[7]

In der Botschaft der Freiheit vom personalen Ich und der radikalen Relativierung individuellen Leidens sieht Heim den Grund für die faszi-

---

[7] Heim, *Glaube und Denken*, S. 203f.

nierende Wirkung des Buddhismus auf die intellektuelle Jugend Deutschlands, die durch die Schrecken des Ersten Weltkrieges in den zwanziger Jahren innerlich zerrissen und äußerlich verelendet war.

6.3 Die Selbsttäuschung der ostasiatischen Mystik – Heims theologische Kritik des Hinduismus und Buddhismus

Aus seiner biblischen Sicht hat Heim in differenzierter Weise das Selbstverständnis und die Erlösungslehre des Buddhismus theologisch kritisiert. Er weiß, dass die ostasiatische Mystik die eigentliche religionsgeschichtliche Alternative zum Christentum darstellt. So analysiert er die grundlegenden Unterschiede zwischen dem Buddhismus und der christlichen Welt, ausgehend von der Schöpfungslehre über das Verständnis der Sünde und der Gnade bis hin zur Vollendung, unter der Perspektive einer heilsgeschichtlichen Dogmatik. Wer die Inhalte der biblischen Offenbarung in ihrem universalen Wahrheitsanspruch erkennt und bejaht, wird die Faszination ostasiatischer Metaphysik als Selbsttäuschung des religiösen Menschen durchschauen und überwinden.

Heims apologetische Absicht gegenüber jeder Form des Mystizismus ist darauf gerichtet, den unüberbrückbaren Unterschied zwischen Schöpfer und Geschöpf, zwischen Gottes Sein und dem kreatürlichen Sein zu betonen. Zunächst bleibt für den christlichen Glauben die an Mose ergangene Gottesoffenbarung am Sinai grundlegend. Hier wird mit dem ersten Gebot von Gott selbst exklusiv ein Gegensatz zu allen Göttern und Götzen aufgerichtet.

Wie tief die Hochreligionen des Hinduismus und Buddhismus durch das erste Gebot in ihrem Wesen betroffen sind, macht Heim an der Frage der Götterbilder deutlich. Dass eine philosophisch so durchreflektierte Religion wie der Buddhismus mit ihrem subtilen pantheistischen Gottesverständnis ohne Probleme einen ausgeprägten Götter- und Götzenkult in ihrem Einflussbereich nicht nur tolerieren, sondern aktiv pflegen kann, wusste Heim seit seiner Japan- und Chinareise aus eigener Anschauung. Der Buddhismus gewährt, ohne in innere Widersprüche zu geraten, dem einfachen Volk unbedenklich Götterbilder und fördert deren Kult. Das Götterbild stellt weder für den Buddhismus noch für den Hinduismus eine unangemessene Vorstufe der Religiosität oder gar den Rückfall einer Hochreligion in primitive Volksfrömmigkeit dar. Es ist vielmehr ein in der Sache selbst begründeter und durchaus adäquater Ausdruck buddhistischer Religionsphilosophie und verleiht der im Buddhismus vorausgesetzten Identität der irdischen mit der umfassenden göttlichen Wirklichkeit sichtbaren Ausdruck.

Die Kreatürlichkeit des Geistes – naturwissenschaftliche Kritik des Mystizismus

Heim konfrontiert die Position der pantheistischen Religionen mit empirisch erhärteten Fakten der modernen Psychologie und Gehirnforschung. Gelingt es der Gehirnphysiologie und der Neurologie, die Verflechtung des Geistes und der Materie nachzuweisen, so ist damit die Grundlage der Trennung von Seele und Leib nicht zu halten. Die Trennung von Leib und Seele bzw. Leib und Geist hat für den Mystizismus die Funktion, die geistig-seelische Sphäre mit dem Göttlichen zu identifizieren, während die materielle Wirklichkeit als böse, scheinhaft, leidvoll etc. ausgeschieden wird. **TRENNUNG VON** Lässt sich aber die Trennung von Leib und Seele gar **SEELE UND LEIB,** nicht realisieren, weil beide eine natürliche, untrenn- **VON GEIST UND** bare Einheit darstellen, so verliert der Pantheismus **MATERIE** seine Grundlagen.

> „Angesichts der heutigen Physiologie und Gehirnpathologie wird es immer unmöglicher, sich einen leiblosen Geist überhaupt vorzustellen. Man denke nur an die Erfahrungen, die wir im Weltkrieg mit Kopfschüssen gemacht haben. Durch eine einzige Gehirnverletzung wurde oft ein ganzer Teil der Gedächtnismasse eines Menschen ausgeschaltet. Das zeigt die große Abhängigkeit des Geistes vom Gehirn."[8]

---

[8] HEIM, *Die Auferstehung der Toten*, Metzingen 1951, S. 7.

Heim belegt mittels der von ihm referierten naturwissenschaftlichen Forschungsergebnisse, dass sich die Trennung in tote Materie hier und beseeltes Leben dort bereits im atomaren Bereich nicht aufrechterhalten lässt. Die klassischen Charakteristika des Lebens wie Ernährung, Fortpflanzung und Reizbarkeit sind nämlich schon im anorganischen Bereich angelegt.

Die Gottesfinsternis des Geistes – Sündenerkenntnis als Kritik des Mystizismus

Mit den naturwissenschaftlichen Einwänden gegen die Leib-Seele-Trennung ist nach Heims Überzeugung allerdings das entscheidende Problem in der Auseinandersetzung zwischen Christentum und Mystizismus noch nicht angesprochen. Der Mensch erfährt gerade als denkendes und fühlendes Wesen die ganze Schwere des irdischen Lebens. In der Erfahrung des Leidens wird ihm als Person erst voll bewusst, wie fragwürdig seine Existenz ist. Es geht durch die gesamte Welt ein schmerzlicher Riss, der mit naturwissenschaftlichen und schöpfungstheologischen Argumenten allein nicht erfasst werden kann. Die leidvolle Fragwürdigkeit der menschlichen Existenz und das intuitive Wissen um die Zerrissenheit des Lebens trifft den Traum von der Gottunmittelbarkeit des Geistes in seinem innersten Wesen:

> „Wenn wir z. B. sehen, wie ein hoffnungsvoller Jugendfreund einer Seuche zum Opfer fällt und langsam dahinwelkt, wenn wir lesen, wie Friedrich Schiller mitten im heißesten Streben und herrlichsten Schaffen zusammenbrach, weil Bazillen heimlich seine Lunge zerstörten, so können wir nicht glauben, daß das wirklich so sein mußte, daß das im Wesen der Natur begründet ist. Der Mißton ist zu stark, der Widerspruch ist zu groß zwischen Frühling und Tod, zwischen all der Schönheit, Fülle und Schöpferkraft, die in den Geist eines Menschen, wie Schiller, hineingelegt ist, und dieser Bazillenbrut, die an seiner Lunge frißt und seine Lebenskraft langsam zersetzt."[9]

---

[9]   Heim, *Die Weltanschauung der Bibel*, Leipzig [8]1931, S. 34f.

Nicht das physische Leiden als solches, sondern die Schuldverflochten-heit des natürlichen Menschen erweist sich als tiefster Grund des ge-nannten Risses, der durch die Welt geht. Auf dreierlei Weise versucht der natürliche, religiöse Mensch nach Heims Auffassung die Schulderfahrung zu relativieren bzw. zu verdrän-gen, um so die behauptete Gottunmittelbarkeit des Geistes zu retten. **SCHULD ODER SCHICKSAL?** Die Wege der Schuldabweisung se-hen innerhalb der mystizistischen Weltanschauungen zum Teil unter-schiedlich aus. Viele mystizistische Systeme verstehen Schuld als Schick-sal. Sie verkennen das Wesen der Sünde, indem die Versenkung, die zur mystischen Einheit führt, als Selbstgenuss missbraucht wird. Menschli-che Schuld als Rebellion gegen Gott ist demgegenüber eine universale Realität. Heim macht deutlich, dass es bei der Frage nach der Sünde des Menschen geistes- und religionsgeschichtlich um die Alternative von Schuld und Schicksal geht. Die Tradition des Schicksalsglaubens findet sich nach Heim am ausgeprägtesten in der indischen Karmavorstellung (Glaube an die Schicksalsmacht, die die Art der Wiederverkörperung bestimmt). In der neueren Philosophie wird der Schicksalsglaube z. B. von Goethe vertreten. Die deutsch-germanische Religion der dreißiger Jahre nimmt diese Urgestalt des Mystizismus auf, indem sie lediglich tragische Verwicklungen menschlicher Schicksale kennt. Die Schicksale mögen zwar je und dann auch in eine periphere Schuldhaftigkeit hinein-reichen, aber Schuld kann den mystisch mit Gott geeinten, guten Kern im Menschen nicht ernsthaft betreffen oder gefährden. Das Schicksal stellt in der mystizistischen Weltsicht als äußere Lebensgeschichte eine vom geistigen *Ich* abgelöste Welt dar.

Heim vermerkt in seiner Auseinandersetzung mit *Wilhelm Hauer*, ei-nem Theologen, der die Ideologie des Nationalsozialismus mit der christlichen Lehre verbinden wollte:

> „Der deutsche Glaube kommt über die Dissonanz zwischen Ide-al und Leben leicht hinweg. Denn für ihn ist diese Dissonanz nicht Schuld im Sinne einer letzten unbedingten und unentrinn-baren Verantwortung. Die Schuld ist vielmehr ein tragisches Ver-hängnis, in das ich verwickelt bin, das über mich gekommen ist. Auch wenn ich dieses tragische Schicksal verantwortlich auf mich

nehme und ‚zu meiner Schuld stehe‘, so bin ich doch nicht identisch mit meiner Schuld. Das Innerste meines Wesens ist etwas anderes als die Tragödie, in die ich verwickelt bin. Mein innerstes Sein ist doch der ‚Gottesfunke‘, der eins ist mit der Gottheit. Die Schuld kräuselt die Oberfläche meines Wesens, in der Tiefe bleibe ich ‚gottunmittelbar‘. Die Schuld stellt also die Einheit meines Wesens mit Gott nicht in Frage. Sie wird aufgesogen von der Glut der mystischen Gottinnigkeit wie ein Wassertropfen, der in die Flamme gespritzt wird.“[10]

Zu diesem Schicksalsverständnis, in dem die Schuld relativiert und zweitrangig wird, steht in schroffem Gegensatz die in der Reformation *Martin Luthers* wurzelnde Gewissensreligion. Luthers Anliegen war es, den menschlichen Stolz, vor Gott etwas zu gelten, ganz zu zerstören, indem er gegen alle menschliche Gerechtigkeit und Weisheit die Sünde über alle Maßen groß machte.

Durch den Begriff der Selbstgerechtigkeit wird deutlich, dass die tiefste Wurzel der Sünde in der geistigen Existenz des Menschen liegt. Selbstgerechtigkeit ist Stolz. Buße ist deshalb nicht nur und nicht einmal in erster Linie für die äußeren, leiblichen Sünden, sondern ganz wesentlich für die geistige, intellektuelle Verlorenheit unter die Sünde nötig.

„Der Idealismus schildert den Menschen, wie er sein sollte. Wenn wir noch im Urstand wären, dann wären wir gotterfüllt. Wir sind aber nicht in diesem Urstand. Das ist nicht Schicksal, sondern Schuld. Wo ein exklusives Verhältnis zwischen Ich und Du vorhanden ist, da ist Schuld. Das Ich des Menschen und das Du Gottes schließen einander aus.“[11]

---

[10] HEIM, „Schuld und Schicksal in der ‚Deutschen Gottesschau‘ und im biblischen Evangelium“, in: *Zeitschrift für Theologie und Kirche* Nr. 16 (1935), S. 302f.

[11] HEIM, *Die christliche Ethik*, S. 61, vgl. HEIM, *Jesus der Weltvollender. Der Glaube an die Versöhnung und Weltverwandlung* (Der evangelische Glaube und das Denken der Gegenwart. Grundzüge einer christlichen Weltanschauung III), Hamburg ³1952, S. 67.

Der Mystiker dringt nicht zur reinen Hingabe an Gott durch. Seine Erlösungssehnsucht ist letztlich bestimmt von egoistischem Glücksverlangen nach Selbstverwirklichung:

„Ich will auch in meinem Seligkeitsverlangen zuletzt mich selbst, mein Glück, meine Seligkeit. Zu der reinen Hingabe an Gott, in der ich vor aller Selbstbehauptung frei wäre, bin ich nicht imstande. Vor Gott aber gilt nur alles oder nichts. Ihm etwas vorzuenthalten, bedeutet also völlige Empörung gegen ihn. So wurde diesen Menschen gerade ihre Religion, ihr Streben nach mystischer Einheit mit Gott, zur Sünde."[12]

Die *unio mystica*, d. h. die mystische Vereinigung mit Gott, birgt demnach einen tiefen Selbstwiderspruch des religiösen Menschen in sich. Der Mystiker, der sich Gott im mystischen Erlebnis nahen will, findet ihn dort gerade nicht, sondern bleibt in sich selbst verstrickt. Im Vollzug der mystischen Übung wird Gott dem nach Leben hungernden Menschen zu einer Art Genussmittel höherer Ordnung. Deshalb wird die gesuchte Gottesbegegnung verfehlt, ja pervertiert:

„Dann mögen jene mystizistischen Zustände einen hohen künstlerischen Wert haben, sie mögen außerdem eine schmerzstillende Medizin sein, sie mögen beruhigend wirken, wie eine heilsame Morphiumeinspritzung auf einen Leidenden wirkt; aber mit Gott haben sie nicht mehr zu tun als andere Kunstgenüsse, in denen wir schwelgen, und andere Beruhigungsmittel, die wir anwenden können. Wir befinden uns in diesen Zuständen an den Grenzen der Seele, in einem Trancezustand, der künstlerischen und medizinischen Wert hat. Aber wir sind in ihnen noch nicht bei Gott."[13]

---

[12] HEIM, *Leben aus dem Glauben. Beiträge zur Frage nach dem Sinn des Lebens,* Berlin ²1934, S. 13f.

[13] HEIM, *Das Wesen des evangelischen Christentums,* Leipzig ⁵1929, S. 68f.

Die christliche Lehre von der Sünde und dem Wesen des Bösen kennzeichnet also nach Heims Verständnis am schärfsten den Widerspruch zwischen Christentum und Mystizismus. Die religiös-pantheistische Mystik geht von der irrigen Voraussetzung aus, dass mit dem Wesen des Geistigen von vornherein die Gottesbeziehung gewährleistet sei, die dann nur noch durch Frömmigkeitspraxis gefördert werden müsse. Aus der theologischen Erkenntnis über die Radikalität der Sünde, die auch und gerade die geistig-seelische Existenz des Menschen betrifft, wird jedoch deutlich, dass der Mensch jedwede eigene Fähigkeit zur Gottesgemeinschaft entbehrt.

Der Buddhismus als Gesetzesreligion – Kritik am Heilsweg des Mystizismus

Wenn Gott und Welt im Geistig-Seelischen identisch sind, dann gehen die Widersprüche, denen der menschliche Geist bzw. die menschliche Seele ausgesetzt ist, auch durch Gott hindurch. Gott selbst ist dann ein wie auch immer zu definierendes Wesen, das um Erlösung ringt. Gott erwächst aus der Anstrengung des Menschen und wird in dessen Versagen mit hineingerissen. Gott selber ist als Grund und Wesen der Welt erlösungsbedürftig. Die Erlösung Gottes ist unentrinnbar und unentwirrbar an die Erlösung des Menschen gebunden. Der Mensch wird auf sich selbst, auf seine geistig-seelischen Kräfte verwiesen, wenn er Erlösung begehrt. Gott kann von außen nicht helfen, weil er innen im Menschen einwohnt und deshalb nur eine andere Beschreibung der je eigenen Hilfsbedürftigkeit darstellt.

Damit ist die zentrale Frage nach der Möglichkeit der Selbsterlösung gestellt. Im Pantheismus gleicht der Mensch einem Ruderer auf einem stehenden Gewässer. Da er von keiner Strömung getragen wird, bewegt sich das Boot nur so weit und so lange, wie der Ruderer selbst Kraft einsetzt. Die sittliche Kraft bezeichnet damit die Grenze der möglichen Selbsterlösung.

Theologisch geurteilt ist der mystizistische Heilsweg der Weg des Gesetzes. Mit den Stichworten *Gesetz* und *Werkgerechtigkeit* sind für Heim die entscheidenden Maßstäbe für die Auseinandersetzung mit dem mystizistischen Heilsweg benannt. Die Grenze für die menschliche Selbsterlösung durch Meditation und Askese ist die Begrenzung der menschlichen Kraft.

„Wir können uns auch unter starken Natureindrücken in pantheistischer Andacht an der Gestaltenfülle des Universums berauschen. Und wir können, wenn wir die nötige Ausdauer und Willensenergie aufwenden, auf Grund der durch jahrtausendelange Übung erprobten Regeln der buddhistischen Versenkung ein seelisches Gleichgewicht erlangen, von dem in schweren Lebenslagen Kraft ausgeht. Das alles kostet Arbeit. Aber es liegt im Bereich des Menschenmöglichen; und es ist mit diesen Religionsformen wie mit allem, was wir Menschen mit unseren Kräften leisten können. Das Ziel, das wir dabei erreichen, entspricht der Kraft, die wir aufwenden. Die weite Aussicht, die wir vom Gipfel eines Berges aus genießen, entspricht der Anstrengung des Aufstiegs. Alle diese Religionsformen stehen also biblisch gesprochen ,unter dem Gesetz'. Sie verlangen von uns eine Leistung und versprechen uns dafür einen Lohn, der jedem sicher ist, der die Leistung vollbracht hat."[14]

„**Alle diese Religionsformen stehen also biblisch gesprochen ,unter dem Gesetz'. Sie verlangen von uns eine Leistung und versprechen uns dafür einen Lohn, der jedem sicher ist, der die Leistung vollbracht hat.**"

Was die asiatischen Hochreligionen aus eigenen Kräften erreichen können, ist das tiefe Wissen um die Spannung zwischen *Ich* und *gegenständlicher Welt*, nicht aber ihre Überwindung. Und genau hier liegen nach Heim die illusionären Hoffnungen des Hinduismus und Buddhismus. Man glaubt, durch die Einsicht in die inneren Zusammenhänge des Seins bereits den Schlüssel zur Erlösung gefunden zu haben. Das Weltleid wurzelt im Widerstreit der individuellen Erscheinungsformen des Lebens, die sich im Ringen ums Überleben gegenseitig bekriegen.

---

[14] Heim, *Glaube und Denken*, S. 206f.

Es bedarf deshalb für den Mystiker nur der Erkenntnis, dass die individuellen Existenzen Täuschung sind, um den Weg zur Befreiung aus den Individuationen zu gehen. Praktisch bedeutet dies für ihn, sich in mystischer Betrachtung in die Einheit von *Ich* und *Gegenstand* bzw. von *Ich* und *Du* hineinzuversetzen. In der mystischen Versenkung müsste dann die Aufhebung aller letzten Weltgegensätze erlebt werden können. Aber eben das Bemühen der Mystik, die raum-zeitliche Welt mit ihren Gegensätzen so zu durchstoßen, dass der alle Polarität überwindende Identitätspunkt gefunden wird, misslingt, weil der Mystiker die Wirklichkeit auch in der Meditation nicht dauerhaft oder gar endgültig überwinden kann. An dem Verhältnis von Licht und Urlicht macht Heim dies bildhaft deutlich:

> „So sind die Unterschiede der Regenbogenfarben die Differenzierungen des reinen Urlichts, aus dem sie durch Berechnung hervorgegangen sind und in dem sie auch wieder aufgehoben werden können. Daß im Indifferenzzustand die Polarität der Weltgegensätze nicht überwunden ist, das erlebt jeder, der versucht, in diesem Gleichgewichtszustand Erlösung aus der Unruhe der Weltverhältnisse zu finden. Alle Mystiker, die etwa durch die Yoga-Übung oder die buddhistische Versenkung den Gleichgewichtszustand zu erreichen suchten, das reine Urlicht, das hinter allen Farbengegensätzen der Wirklichkeit steht, haben immer wieder darunter gelitten, daß es ihnen nicht gelang, den Indifferenzzustand wirklich festzuhalten. Ich kann mich selbst nie wirklich loswerden. Ich muß also aus der Ureinheit, in der der Gegensatz zwischen Ich, Du und Es aufgehoben ist, doch immer wieder zurückkehren in die Spannung zwischen mir und dir und der gegenständlichen Welt, die uns beiden gegenübersteht. In diesem ruhelosen Hin-und-her-Geworfenwerden zwischen Einheit und Vielheit, das der Mystiker bei seiner Versenkung erlebt, zeigt sich eben das polare Verhältnis, aus dem wir auf dem mystischen Erlösungswege nie herauskommen."[15]

---

[15] Heim, *Jesus der Weltvollender*, S. 208f.

Dem Traum von der ungebrochenen Identität zwischen Gott und Mensch mag eine rätselhafte Erinnerung an das verlorene Paradies zugrunde liegen, aber es kommt ihm in der gefallenen Menschheit keine geschichtliche Realität zu, weil trotz aller mystischen Sehnsucht und Anstrengung kein Mensch die selige Schau Gottes tatsächlich erreicht hat. Die Erneuerung des Menschen aus dem Wesen und Geist des Menschen führt zu keiner Wende des schuldbedingten Unheils, weil der Mensch in seiner selbstbezogenen Religiosität bei sich selbst bleibt und in den mystischen Prozess sich mitsamt seinen Widersprüchen einbringt. Heilsgewissheit ist für den Buddhismus nicht erreichbar, denn es bleibt für den Asketen trotz des fast verlöschenden Daseins dennoch ein Hauch der weltlichen Begierden, der die gesamte Erlösung unsicher macht. Denn aus dem Glimmen des individuellen Seins ist in jedem unbedachten Augenblick ein neues Auflodern des Lebensdurstes zu befürchten. Angst und Unruhe des Herzens erweisen den mystisch-asketischen Heilsweg so als ausweglos und utopisch:

ANGST UND UNRUHE DES HERZENS ERWEISEN DEN MYSTISCH-ASKETISCHEN HEILSWEG ALS AUSWEGLOS UND UTOPISCH.

„Woher kommt also die ewige Friedlosigkeit des Gesetzeswegs? Sie kommt daher: Wir können diesen Weg nie ganz zu Ende gehen. Ich kann das Meer der unbedingten Forderung nicht ganz durchschwimmen. Wenn ich darin aber auch mit der äußersten Anstrengung so weit gekommen bin, daß die Küste ganz nahe scheint, und mich dann die Kräfte verlassen, so schlagen die Wogen über mir zusammen. Ein indischer Yogi, von dem Missionar Frohnmeyer erzählte, hatte jahrelang an einem Teich zusammengekauert gesessen und lange keine Speise mehr zu sich genommen. Als es mit ihm zu Ende ging, wurde er von mitleidigen Menschen umringt, die ihn fragten, ob er nicht ein wenig Reis zu sich nehmen wolle. Da fuhr er entsetzt zusammen und sagte: ‚Wenn ich jetzt auch nur ein Reiskorn zu mir nehme, so ist alles vergeblich gewesen, was ich mir so lange Jahre hindurch verdient habe.' Das ist die Angst aller, die den Gesetzesweg gehen."[16]

---

[16] HEIM, „Friede mit Gott", in: *Glaube und Leben,* Berlin ²1928, S. 611.

Zusammenfassend ist festzuhalten: Die Konfrontation zwischen Mystizismus und christlichem Gottesglauben, auf die Heims Apologetik gegenüber dem Pantheismus zielt, ist sogar noch schärfer und radikaler als die gegen den Materialismus. Die Auseinandersetzung mit dem *säkularen Materialismus* hat ihren Ausgangspunkt bei der *Schöpfungslehre*, die mit dem *Mystizismus* hat ihren theologischen Schwerpunkt bei der *Erlösungslehre*. Da aber die Frage nach Schuld und Vergebung, nach Sünde und Rechtfertigung das Zentrum des Evangeliums ausmacht und im Konfliktfall den *Status confessionis* für die evangelische Kirche berührt, d. h. die entscheidende Mitte des Bekenntnisses darstellt, muss die Auseinandersetzung mit dem Mystizismus noch schärfer und grundsätzlicher sein, als dies bei der Apologetik gegenüber dem Materialismus der Fall ist.

> „... Aber nach den Reformatoren gibt es noch einen anderen Gegner des Evangeliums, der noch gefährlicher ist als Materialismus und Relativismus. Das ist die schwärmerische Religion des natürlichen Menschen, der, ‚wie die Türken‘, zu Gott kommen will ‚ohne Mittel und Kosten‘. Das darf auch in einem neuen Bekenntnis nicht verschleiert werden, sonst bringen wir unserm Volk nicht das Evangelium."[17]

Heim sieht, dass der Kirche ein unveräußerliches prophetisches Wächteramt gegen den gefährlichen Traum mystischer Selbstfindung und Erlösung aufgetragen ist. Während für einen materialistisch begründeten Atheismus die Feindschaft gegen das Evangelium auf der Hand liegt und die Notwendigkeit der Auseinandersetzung einleuchtet, stellt der Mystizismus in seiner betörenden Religiosität und faszinierenden gedanklichen Geschlossenheit die größere Bedrohung des Glaubens dar:

> „Wir sehen hier den unüberbrückbaren Gegensatz zwischen dem mystischen Erlösungsweg und der Tat von Golgatha. Wenn uns

---

[17] HEIM, *Deutsche Staatsreligion oder evangelische Volkskirche,* Berlin 1933, S. 5, und HEIM, „Schuld und Schicksal in der ‚Deutschen Gottesschau' und im biblisch-reformatorischen Evangelium", S. 302.

Christi Tod befreit hat, dann erscheint uns der mystische Selbst-
erlösungsversuch wie ein gefährlicher Traum, ja wie eine Empörung gegen Gott. Wir haben die schwere Aufgabe, den Mystiker
durch das Gotteswort wie durch einen Posaunenstoß aus seinem
Traum zu wecken."[18]

Die Wirklichkeit des Todes und die neue Schöpfung – eschatologische Kritik des Mystizismus

Die mystische Betrachtung der Welt zielt nach Heim
auf die einende Auflösung aller Gegensätze und Widersprüche des Lebens in einem universalen Zusammenfallen aller Gegensätze. Da die individuellen Unterschiede der Menschen und Völker nur trügerischer
Schein sind, münden alle irdischen Spannungen in

**DER PANTHEISTI-
SCHE GESCHICHTS-
BEGRIFF KENNT KEIN
ZIEL UND KEINEN
FORTSCHRITT.**

die ursprüngliche Welteinheit ein, aus der sie hervorgegangen sind. Die
Individuationen und Innovationen, die für den Europäer die spezifischen Bewegungen der Geschichte und den wesentlichen Inhalt der Existenz ausmachen, sind deshalb für den Buddhisten unbedeutend und
nichtig. Sie stellen ein vordergründiges Verwirrspiel dar, das es zu durchschauen gilt, um den ewig unbewegten Grund des Völkermeers zu
erkennen, an dessen Oberfläche nur einige Wellen ziellos hin- und her-
wogen. Deshalb hat der asiatische Pantheismus keinen Geschichtsbegriff
ausgebildet und kennt auch keinen durch ein Endziel bestimmten Fortschritt. „Diese Welt hat kein Ziel und darum auch keine Geschichte. Sie
ist nur dazu da, immer aufs neue in ihrer Nichtigkeit durchschaut zu
werden."[19]

Entwicklung im Weltgeschehen wird lediglich im Sinne eines natur-
haften zyklischen Ablaufs wahrgenommen; es ist die immer wiederkeh-
rende Abfolge des Werdens und Vergehens. Dieses Verständnis ist so-

---

[18] HEIM, „Unsere Verpflichtung zur Weltmission", S. 551f.
[19] HEIM, *Leitfaden der Dogmatik. Zum Gebrauch bei akademischen Vorlesungen*, Bd. I,
Halle/Sa. ³1923, S. 69.

wohl dem indischen wie dem japanischen Buddhismus eigen. Aus dem Wandel des ewig Gleichen tritt der buddhistische Mönch durch eine Reinigung des Denkens, Fühlens und Wollens heraus in die jederzeit offene und präsente Ewigkeit, die eben kein Letztes ist, sondern die Gegenwart des *Nirwana* inmitten des irdischen Lebens. Es ist nur ein kleiner Schritt, den jedes atmende Wesen zu vollziehen braucht, um die in ihm verborgene Buddhanatur bewusst zu machen. So kann sich der Mensch selbst als Teil des Ganzen erfassen und genießen.

Aus dem zyklischen Verständnis der Geschichte ergibt sich im Bereich mystischer Religionen und Philosophien vor allem eine völlig andersartige Einstellung dem Tod gegenüber als das in der biblisch-christlichen Tradition mit ihrem geschichtsbewussten Denken der Fall ist. Der Tod erweist für den abendländischen Menschen darin seine bedrohende Macht, dass er die Existenz des Einzelnen zerbricht und so die Geschichte des individuellen Lebens abbricht. Im Tod findet demgegenüber für den Buddhisten das Eintauchen ins Nirwana seinen sinnfälligsten Ausdruck: „Der Strom ist ausgetrocknet, der ausgetrocknete Strom fließt nicht mehr."[20] Leben und Tod berühren den Menschen nicht mehr, der sich des Nirwanas bewusst geworden ist. Erlösung besteht ja für den Mystizismus gerade in der Befreiung aus der individuellen Existenz. Aber das ungeschichtlich-zyklische Verständnis des Daseins hat in den asiatischen Hochreligionen an Stelle der europäischen Todesproblematik zu einer anderen furcht-besetzten Vorstellung geführt, nämlich zur Angst vor unendlich vielen Reinkarnationen, die als immer neue mühselige Verleiblichungen der individuellen Existenz drohen. Also nicht das Ende des menschlichen Lebens im Tod bestimmt im asiatischen Kontext die Problematik des Sterbens, sondern die schreckliche Möglichkeit eines neuen irdischen Schicksals mit seinen Irrungen und Lasten im endlosen Kreislauf der Wiedergeburt.

DIE URSACHE DER REINKARNATIONS-LEHRE: DAS ICH KANN SICH AUCH EINE VÖLLIG ANDERE EXISTENZ VORSTELLEN.

Der Frage nach einer angemessenen Deutung der Reinkarnations-

---

[20] HEIM, *Die christliche Ethik*, S. 117.

lehre[21] hat sich Heim in einem besonderen Abschnitt seines Hauptwerkes unter der Überschrift „Der Wahrheitskern der Lehre von der Seelenwanderung und Wiederverkörperung"[22] gewidmet. Heim geht hinsichtlich der Entstehung von Reinkarnationsvorstellungen von einer grundlegenden existenziellen Erfahrung aus. Der Mensch vermag zwischen seiner *Ich-Identität* als einer in gewissem Sinne konstanten Größe und der vom Individuum als zufällig erlebten, schicksalhaften Konkretion seiner Lebensbedingungen zu unterscheiden. Das über den Menschen offensichtlich verhängte Geschick seines Lebens erscheint dem innersten Bewusstsein des *Ich* als variabel und damit zumindest theoretisch austauschbar. Hinsichtlich seiner körperlichen Gestalt mit ihren Grenzen und Gaben, aber auch im Blick auf die Verwurzelung in einem bestimmten Volk oder in einer bestimmten Rasse, kann sich das *Ich* auch eine völlig andere Existenz vorstellen. Zudem erscheinen die historischen, politischen und sozialen Bedingungen der Existenz als willkürlich gesetzt. Diese dem Menschen eigentümliche Möglichkeit, zwischen dem *Ich* und seinem Schicksal unterscheiden zu können, ist für Heim der Ursprung für die Wiederverkörperungslehre. Das in sich identische *Ich* lebt in der Vorstellung, diese seine Existenz in mehreren, ganz unterschiedlichen Gestalten geschichtlicher Verleiblichung zu erfahren:

> „Es ist zwar mein Schicksal, an dieses Hier und Jetzt und an diesen Menschen gebunden zu sein. Es ist mein Los, daß ich überhaupt ein Mensch bin und nicht ein anderes Wesen. Aber ich selbst bin nicht mit diesem Schicksal identisch. Ich unterscheide mich von ihm genau so deutlich, wie sich ein Schauspieler von der Rolle unterscheidet, die er einen Abend lang zu spielen hat."[23]

Heim begegnet der Reinkarnationstheorie mit zwei Einwänden; einem *seinsmäßigen* bzw. *ontologischen* und einem *biblisch-theologischen*.

---

[21] Reinkarnation ist die Lehre von der immer neuen Wiederverkörperung der Seele in einem neuen Leib.

[22] HEIM, *Der christliche Gottesglaube und die Naturwissenschaft*. Erster Teilband: *Grundlegung. Der evangelische Glaube und das Denken der Gegenwart* (Grundzüge einer christlichen Lebensanschauung, Band IV), Tübingen 1949, S. 128–141.

[23] HEIM, *Der christliche Gottesglaube und die Naturwissenschaft*, S. 130f.

Ontologisch beruht für Heim die Vorstellung, das geschichtlich-reale *Ich* könne sich von seinem eigentlichen Wesen ablösen und in sukzessiver Weise wiederverkörpern, auf einer unzureichenden Differenzierung unterschiedlicher Räume. In Heims Philosophie stellen das *Ich* und das *Du* je gesonderte Räume dar, die spezifische Merkmale tragen. Für das Verständnis vom personalen *Ich* ist die Eigenständigkeit des *Ich* gegenüber seiner materiellleiblichen Existenz wichtig, ohne dass dabei gleichzeitig Leib und Seele getrennt werden dürften. Das *Ich* gehört nach Heim einem nichtgegenständlichen Raum an, muss sich aber notwendig als leibliche Gestalt im irdischen, gegenständlichen Raum verkörpern (vgl. Kap. 4). Die Loslösung des *Ich* von seinem Lebensschicksal ist eine bloße Abstraktion, deren Denkmöglichkeit sich aus der Struktur verschiedener Raumdimensionen ergibt. Aber indem das *Ich* einmalig als physische Existenz an einen klar umrissenen Bereich des *Raum-Zeit-Kontinuums* gebunden ist, kann es sich faktisch nicht von seinem irdischen Schicksal ablösen.

Theologisch lehnt Heim aus grundlegend biblischen Einsichten die Reinkarnationslehre ab, weil sie mit der beliebigen Wiederholbarkeit des Lebens und Sterbens der menschlichen Existenz ihren eigentlichen Ernst raubt und sie der letzten Verantwortung vor Gott entzieht. Hier gilt das Wort aus Hebräer 9,27: „Es ist dem Menschen bestimmt, einmal zu sterben, danach aber das Gericht." Leben und Tod des Menschen sind einmalig und damit angesichts der Ewigkeit Gottes sowie der Entscheidung über Gericht und Gnade unwiederholbar und von äußerstem Gewicht.

7. Klärung letzter Alternativen – Heims dialogischer Denkansatz und seine theologische Methode

Die missionarische Absicht bestimmt nicht nur die Themen und Inhalte, sondern auch durchgehend den Stil und die Argumentationsstruktur der Veröffentlichungen Karl Heims. Wissenschaftliche Literatur wird aber in der Regel für Fachleute der entsprechenden Disziplinen geschrieben. Sie ist deshalb in ihrer Begrifflichkeit und ihren Argumentationsverfahren dem Laien, wenn überhaupt, nur schwer zugänglich. Aus diesem Grund sieht sich Heim genötigt, eine „neue Literaturgattung"[1] zu schaffen. Er möchte wissenschaftliche Gründlichkeit und theologische Klarheit mit größtmöglicher Allgemeinverständlichkeit verbinden.

7.1 Dialogische und interdisziplinär angelegte Theologie

Eine dialogisch und interdisziplinär angelegte Theologie verlangt zuerst und vor allen Dingen eine möglichst umfassende Kenntnis der Zielgruppen, die angesprochen werden sollen. Erst aus dem Wissen um Situation und Position des Gegenübers lässt sich der Punkt finden, an dem die christliche Wahrheit als Antwortende anknüpfen kann. Mit dem Stichwort „Anknüpfung" ist für Heim methodisch und sachlich der Punkt benannt, von dem aus er seine dem Dialog verpflichtete Theologie entwickelt. Beispielhaft und richtungsweisend nimmt Heim in diesem Zusammenhang die Struktur der paulinischen Missionspredigt auf, wie sie Lukas in der Apostelgeschichte schildert. Er skizziert den Aufriss seiner eigenen theologischen Methode exemplarisch anhand der Auseinandersetzung des Paulus mit den griechischen

„ANKNÜPFUNG"
AN DAS DENKEN
DER ZEITGENOSSEN

---

[1]   So ausdrücklich gefordert im Vorwort der ersten Auflage von Glaube und Denken.

Philosophen auf den Areopag (Apg. 17,16-31), indem er nachdrücklich auf die Abfolge der Argumentation verweist:

> „Dabei ist die Reihenfolge wichtig, in der die Ereignisse mitgeteilt werden. Paulus spricht mit Menschen, denen alle Voraussetzungen für das Verständnis der Botschaft von Christus fehlen. Er redet darum nicht zuerst von Jesus selbst, sondern von der Weltlage und Weltzukunft, von der aus die Sendung Jesu erst verständlich wird und die Rolle, die ihm im Weltendrama zukommt."[2]

Dass es sich bei der Rede des Paulus um eine Predigt handelt, ist hinsichtlich der dialogischen Struktur der Diskussion nicht unwichtig. Heims Bereitschaft, beim Vorverständnis und den Fragen des Hörers einzusetzen, lässt sich sicher am unmittelbarsten in seiner vielfältigen Predigtpraxis nachweisen. Dabei ist es ihm vorrangig wichtig, überhaupt eine Brücke zu Menschen zu schlagen, die dem Christentum fern stehen oder ganz entfremdet sind. Dies geht soweit, dass er sich dort, wo keine bei der Situation des Hörers anknüpfende Predigt mehr möglich ist, auch darauf einlässt, indirekte Formen der Verkündigung zu wählen. Bemerkenswert ist der Bericht über Heims Seelsorgetätigkeit im Interniertenlager Hald:

> „Mit meinen Predigtgottesdiensten war es mir nicht gelungen, die Offiziere zum Nachdenken über das Rätsel der menschlichen Existenz zu bringen. Denn meine Offiziere stammten ja meistens aus der oberen Schicht des deutschen Volks, die seit Goethe und Schiller der Kirche und ihren Gottesdiensten den Rücken gekehrt hat. Aber für die nordischen Dramatiker war auch bei der Kirche entfremdeten Menschen noch ein Interesse vorhanden. Für die Art, wie das Rätsel des menschlichen Daseins in den herben nordischen Dramen auf der Bühne dargestellt wird, hatten auch die kirchenfremden Kriegsmänner ein gewisses Verständnis. So

---

[2] HEIM, „Die Botschaft des Neuen Testaments an die Heidenwelt", in: *Glaube und Leben,* Berlin ²1928, S. 741f.; und HEIM, „Ein Beispiel missionarischer Verkündigung", in: *Evangelische Missionszeitschrift,* 1 (1940), S. 241-245.

konnte ich mit ihnen Ibsens ‚Gespenster‘, Ibsens ‚Brand‘ und Björnsons ‚Über die Kraft‘ besprechen."[3]

Da für Heim Verkündigung und Glaubenslehre, Predigtauftrag und wissenschaftliche Lehrtätigkeit durch ihre Verpflichtung zur Mission untrennbar verbunden sind, hält er am Vorrang der zum Dialog fähigen Theologie fest. Die einfache Sprache ist ihm wichtiger als die streng fachspezifische Begrifflichkeit, die nur von theologischen Spezialisten verstanden werden kann. Schon in der Einleitung zum „WELTBILD DER ZUKUNFT" erklärt Heim, dass er eher bereit sei, „in manchen Punkten dilettantische Behauptungen"[4] zu wagen, als durch eine zwar wissenschaftlich strenge, aber dem gebildeten Laien kaum verständliche Fachsprache den Zugang zu seinem Werk zu versperren. Das Anliegen der Allgemeinverständlichkeit ist in Heims theologischer Literatur, soweit es sich nicht um speziell historische Untersuchungen handelt, von grundlegender Bedeutung für die Interpretation seines Werkes.

7.2 Perspektivische, thematische und begriffliche Flexibilität

Mit seiner Entschlossenheit, sich auf jedwedes relevante Gespräch zwischen Theologie, Naturwissenschaft, Philosophie, Ideologie und Religion einzulassen, hat sich Heim auf ein riesiges und unüberschaubares Feld begeben.

Dabei gibt er seine an der Bibel orientierte und dogmatisch verankerte Position in der Sache nicht auf. Aus der Fülle von Beispielen, die die perspektivische, thematische und begriffliche Flexibilität Heims dokumentieren, seien drei typische Gesprächsverläufe kurz dargestellt.

---

[3] HEIM, *Ich gedenke der vorigen Zeiten. Erinnerungen aus acht Jahrzehnten*, Hamburg 1957, S. 133f; der Bericht bezieht sich auf die Situation während des ersten Weltkriegs 1917.

[4] HEIM, *Das Weltbild der Zukunft. Eine Auseinandersetzung zwischen Philosophie, Naturwissenschaft und Theologie*, Wuppertal ²1980, S. IV.

Zunächst der perspektivische Wechsel hinsichtlich der Argumentation: In seinem Frühwerk „Weltbild der Zukunft" stellt Heim die Trennung von *Subjekt* und *Objekt*[5], wie sie besonders die neuere erkenntnistheoretische[6] Fragestellung bestimmt, als Irrweg des Denkens dar. Demgegenüber besteht das Recht und die Möglichkeit der Theologie zu einer unverbildeten *Naivität* des Erkennens, denn solche Naivität der Erkenntnis führt nach Heim zur Gesundung der Erkenntnis zurück. Heim stellt die Naivität unter die Verheißung der Seligpreisung Jesu, sie werden „das Erdreich besitzen"[7]. Die Seligkeit der theologischen Naivität besteht nach Heims Urteil nicht nur in der Überwindung der Subjekt-Objekt-Spaltung, sondern auch in der dynamischen Auflösung des erstarrten Naturbilds der Jahrhundertwende. Sensibilität für das innere Leben in der Natur ist gefragt. Naivität bezieht sich im Kontext der hier vorgetragenen Argumentation auf das Recht des Individuums, aus seiner je perspektivischen Sicht auf die Welt der eigenen subjektiven Glaubensüberzeugung zu folgen. Durch die perspektivische Wahrnehmung der Welt gibt es keine andere intellektuelle Zugangsweise als die des Glaubens.

In dem fünfundvierzig Jahre später erschienenen Buch „Der christliche Gottesglaube und die Naturwissenschaft" stellt sich für Heim die Verhältnisbestimmung von Theologie und Wissenschaft völlig anders dar, weil sich inzwischen in der naturwissenschaftlichen Forschung ein tiefgreifender Wandel vollzogen hat. Heims Beurteilung der Theologie ist nun von kritischem Pessimismus bestimmt. Er stellt die Theologie unter den Bußruf des Täufers, weil sie jetzt – in ganz anderer Weise als zuvor – viel zu naiv den universalen Wahrheitsanspruch des christlichen Glaubens preisgegeben habe. Dies gilt nach Heim sowohl in erkenntnistheoretischer Perspektive als auch hinsichtlich der Behauptung von vermeintlichen Tatsachen seitens der Naturwissenschaften?

---

[5] Bei den Begriffen *Subjekt/Objekt* geht es in diesem Zusammenhang um das Auseinandertreten von erkennendem Subjekt und dem Objekt bzw. Gegenstand der Erkenntnis. Kann das Subjekt den Erkenntnisgegenstand überhaupt angemessen erkennen?

[6] *Erkenntnistheorie* beschäftigt sich mit dem Problem, wie richtige und sachgemäße Erkenntnis möglich ist.

[7] Heim, *Ich gedenke der vorigen Zeiten*, S. 259.

Der perspektivische Wechsel in Heims Urteil über die theologische Naivität hängt also mit der Wahrnehmungsfähigkeit des Glaubens in je unterschiedlichen geistesgeschichtlichen Situationen zusammen. Die philosophische Diskussion um die Jahrhundertwende war durch die erkenntnistheoretischen Kritiken der Philosophie Immanuel Kants[8] bestimmt. Andererseits überlagerte ein ideologisch begründeter Materialismus die naturwissenschaftliche Forschung. Gegenüber beiden in sich völlig unterschiedlichen Denkrichtungen mahnte Heim eine neue, unverstellte und in diesem Sinne naiv-intuitive Wahrnehmung der Wirklichkeit an. Sein Buch „DAS WELTBILD DER ZUKUNFT" war letztlich ein journalistisch geschriebener Aufruf für die naive Intuition gegen die *Subjekt-Objekt-Spaltung* und das bloße *Ursache-Wirkungsprinzip*. Als ein halbes Jahrhundert später eine mathematisch immer differenziertere Naturwissenschaft aus ihrer eigenen Naturbeobachtung heraus den starren *Determinismus*[9] überwunden hatte, sah die Lage völlig anders aus. Jetzt wäre es nach Heims Sicht der Dinge für die Theologie töricht gewesen, weiter an der Aufteilung der objektiven Welt mit ihrer wissenschaftlichen Erkenntnis einerseits und der subjektiven Religiosität andererseits festzuhalten. Denn inzwischen stellte sich für die Wissenschaft das Verhältnis von forschendem Subjekt und erforschtem Objekt ganz anders dar; und die Bewertung „naiv" war nun im negativen Sinne zu verstehen. Die Probleme zwischen säkularer Wissenschaft und Theologie konnten nun durch wissenschaftliche Argumentation aufgearbeitet werden und bedurften keines Appells mehr an die intuitive Naivität des Erkennens. Die Beschränkung auf die naive Wahrnehmung war angesichts des Fortschritts der Wissenschaft überholt.

SICH EINLASSEN AUF DIE JEWEILS AKTUELLE SPRACHE UND DENKWELT

---

[8] I. KANT hat in seiner *Kritik der reinen* und *der praktischen Vernunft* ausgelotet, inwieweit wir wissenschaftliche Erkenntnisse gewinnen können, und wie wir zu moralischen Urteilen kommen.

[9] Der *Determinismus* geht von einem unbedingt gültigen Ursache-Wirkung-Prinzip aus. Mit naturwissenschaftlicher Präzision lassen sich, wenn man über die vollständigen Daten verfügt, alle Weltzustände der Vergangenheit und Zukunft zurück- bzw. vorausberechnen. Freiheit des Menschen und ein Eingreifen Gottes ist damit nicht vereinbar.

Die Bereitschaft, sich um der *dialogischen Anknüpfung* willen auf die Sprache und Denkwelt des Zeitgenossen einzulassen, zeigt sich zum anderen auch beispielhaft in Heims *Christologie*[10]. Die wechselnden Hoheitstitel in der Heimschen Christologie sind sämtlich im Rahmen der unterschiedlichen Gesprächssituationen zu interpretieren; darauf hat *Francis Burger* aufmerksam gemacht.[11] Dem *Monismus*[12] der Jahrhundertwende stellt Heim Christus als perspektivischen Weltmittelpunkt gegenüber; in der Ära des nationalsozialistischen Führerkultes versucht Heim, die Führeridee christologisch aufzunehmen; dem relativistischen Lebensgefühl der Nachkriegszeit konfrontiert er Christus als das schlechthinnige Absolutum; und angesichts des indifferenten Säkularismus wird Christus als Herr und Meister bekannt.

Es wird deutlich, dass das bestimmende Erkenntnisprinzip ausschließlich in der Sachauseinandersetzung zwischen einem Denken und Leben, das sich auf Gott bezieht, und einem solchen, das ihn leugnet, zu suchen ist.

7.3 Methodenpluralismus

Überschaut man das gesamte literarische Werk Heims, so entspricht der Unschärfe in der Verwendung von Begriffen Heims Flexibilität im Umgang mit den wissenschaftlichen Methoden, die ebenfalls der jeweiligen weltanschaulichen Herausforderung und deren Erfordernissen untergeordnet werden. In seiner „RELIGIONSPHILOSOPHISCHE(N) GRUNDLEGUNG DER DOGMATIK" tritt er unumwunden für einen Methodenpluralismus ein:

---

[10] *Christologie* ist die Lehre über die Person und das Werk Jesu Christi.

[11] F. BURGER, *Karl Heim as Apologeet. Academisch Proefschrift*, Amsterdam 1954, S. 129.

[12] Monismus ist eine Weltanschauung, die die gesamte Wirklichkeit aus einem einzigen Prinzip heraus zu erklären versucht. Das kann der Geist sein, dann handelt es sich um eine *idealistische Philosophie*. Das kann auch die Materie sein, dann handelt es sich um *Materialismus*. Um die erwähnte Wende vom 19. zum 20. Jh. geht es um *materialistischen Monismus*.

„Man kann von den neutestamentlichen Glaubenszeugnissen ausgehen und rückwärtsschreitend den letzten Voraussetzungen nachgehen, auf denen sie ruhen. Man kann aber auch, wie ich es in der Schrift ‚Glaubensgewißheit‘ versucht habe, von der außerchristlichen Durchschnittsphilosophie ausgehen und auf dem Umweg über den Realismus und Idealismus zur biblischen Anschauung hinführen. Aber ob man nun von innen nach außen oder von außen nach innen geht, es kommt immer nur darauf an, ob das Ergebnis richtig ist, ob die Urannahme richtig dargestellt ist, die den christlichen Glaubensaussagen entspricht.“[13]

Angesichts dieser Feststellung äußerster methodischer Flexibilität gilt es nochmals, auf die inhaltliche Stabilität in Heims Denken hinzuweisen. Erkennt man hinter seinen wechselnden Fragestellungen, der variierenden Begrifflichkeit und der wandelbaren Methodik nicht die sich durchhaltende biblisch-dogmatische Überzeugung, von der her und auf die hin er argumentiert, so ist kein sinnvoller Zugang zu Heims Theologie mehr möglich. Wer nicht versucht, mit ihm die Probleme, die sich aus der kulturellen Gesamtentwicklung ergeben, aufzuspüren, wird letztlich nur an den Wandlungen und den dadurch verursachten Unregelmäßigkeiten seiner Systematik Anstoß nehmen.

METHODISCHE FLEXIBILITÄT – INHALTLICHE STABILITÄT

Der strukturelle Rahmen der Theologie Heims ist, um im Bild zu bleiben, ein Wechselrahmen. Aber die Bilder, die er in diesen Rahmen einzeichnet, lassen zwei recht konstant gehaltene Stilmittel des methodischen Arbeitens erkennen: Bei Heim begegnen regelmäßig in den unterschiedlichsten Argumentationszusammenhängen zwei methodische Schritte, die dann in eine unmittelbar missionarische Alternative einmünden.

Zum einen versucht Heim, jeden weltanschaulichen Ansatz konsequent zu Ende zu denken. Das kann auf zweierlei Art geschehen. Ent-

---

[13] Heim, „Zu meinem Versuch einer neuen religionsphilosophischen Grundlegung der Dogmatik. Teil II“, in: *Glaube und Leben*, Berlin ²1928, S. 499; vgl. auch K. Leese, „Vom Weltbild zur Dogmatik“, in: *Zeitschrift für Theologie und Kirche*, 24 (1914), S. 102f.

weder er verfolgt die Grundannahmen eines Systems zurück, oder er treibt in einem vor keinen Konsequenzen zurückschreckenden Denkprozess die Intentionen eines philosophischen oder religiösen Ansatzes weiter, bis die eigentlichen Ziele der jeweiligen Weltanschauung sichtbar werden; häufig beschreitet er den Denkweg auch in beide Richtungen und gewinnt so sein Urteil.

Durch systematisches Zu-Ende-Denken eine gegnerische Position ad absurdum führen

Das andere methodische „Stilmittel" Heims ist das Herausarbeiten der in den Weltanschauungen enthaltenen Ausweglosigkeiten. So dient z. B. die durch den zweiten Hauptsatz der Thermodynamik[14] eröffnete *säkulare Apokalypse* dazu, dem Menschen die Einsicht in die schlechthin verzweifelte Situation seiner Welt zu eröffnen. Heims Bemühen zielt immer durch das systematische Zu-Ende-Denken einer wissenschaftlichen, philosophischen oder religiösen Position darauf, diese im Zusammenhang ihrer eigenen Voraussetzungen *ad absurdum*[15] zu führen, um dann eigenständig seinen eigenen biblischen Ansatz theologisch zu begründen und zu entwickeln.

Am deutlichsten zeigt sich dieses Verfahren am Umgang Heims mit der materialistisch orientierten Naturphilosophie des 19. Jh. Durch die Fakten der naturwissenschaftlichen Forschung des 20. Jh. abgesichert, führt Heim die Physik des 19. Jh. auf ihrem eigenen Feld *ad absurdum*. Nachdem die wissenschaftliche Forschung die Theologie zunächst in eine schwere Existenzkrise geführt hatte, in der alle defensive Apologetik die Bedrohung des Glaubens nur vermehrte, galt es jetzt einfach dem Gang der Forschung zu folgen, um die Auflösung des materialistischen Denkens aus den Forschungsergebnissen der modernen Naturwissenschaft zu erwarten.

„Wirklich apologetischen Wert haben nur wissenschaftliche Ergebnisse, die ohne jede apologetische Absicht gewonnen sind. Das

---

[14] *Der zweite Hauptsatz der Thermodynamik* in der Physik besagt, dass ein geschlossenes System sich im Laufe der Zeit auflöst, d. h. in seinen Strukturen immer chaotischer wird. Aus der Ordnung, dem Kosmos, wird das Chaos.

[15] *Ad absurdum* bedeutet, dass sich die Konsequenz einer weltanschaulichen Überzeugung am Ende als absurd bzw. widersinnig erweist.

einzige, was wir tun können, ist darum dies: Wir können den Gang der heutigen Naturforschung mit aufmerksamem Auge verfolgen und abwarten, ob sich in ihr wissenschaftliche Bewegungen anbahnen, die ganz unabsichtlich dem Glauben den Weg bereiten, ob noch einmal eine Flutwelle kommt, die, ohne es zu wollen, das Schiff des Glaubens wieder emporhebt. Und eine solche Flutwelle scheint allerdings im Anzuge zu sein. Die Naturwissenschaft befindet sich gegenwärtig in einer bedeutsamen Krisis. Der mechanische Atomismus[16], der ihre Methode seither in weitgehendem Maße beherrschte, beginnt sich aufzulösen. Und zwar bahnt sich diese Auflösung gleichzeitig von zwei Seiten her an, einmal von seiten der chemischen und physikalischen Facharbeit, und dann von seiten der physiologischen Forschung und der erkenntnistheoretischen Besinnung, zu der diese Forschung drängt."[17]

Der Band „DIE WANDLUNG IM NATURWISSENSCHAFTLICHEN WELTBILD" entspricht in seiner Durchführung genau dem hier angezeigten Programm; Heim stellt die Auflösung der naturphilosophischen Ideen von der *absoluten Materialität des Seins*, der *absoluten Raum- und Zeitvorstellung* sowie der *Kausaldetermination* dar, und zwar auf Grund der *neuen Energetik*, d. h. der Lehre von Energieumwandlungen sowie der *Relativitätstheorie* und der *Unschärferelation*, um damit den Materialismus als wissenschaftlich unhaltbaren Götzendienst zu entlarven.[18]

---

[16] Die mechanistische Lehre von den Atomen war davon ausgegangen, dass die kleinsten Teilchen sich wie Kugeln in der Mechanik nach festgelegten Reaktionen zueinander verhalten. Die moderne Kernphysik hat stattdessen erwiesen, dass die kleinsten Teilchen in ihren Reaktionen untereinander nicht vorausberechenbar sind.

[17] HEIM, „Der gegenwärtige Stand der Debatte zwischen Theologie und Naturwissenschaft", in: *Glaube und Leben*, Berlin ²1928, S. 57f.

[18] *Kausaldetermination* bedeutet, dass alles Geschehen ausschließlich dem Prinzip von Ursache und Wirkung entspricht. In einer solchen Welt wäre für ein Eingreifen Gottes kein Platz. Diese Kausaldetermination wird nun von der Physik des 20. Jh., wie sie in der *Relativitätstheorie* von *Albert Einstein* und der *Unschärferelation Heisenbergs* formuliert wird, widerlegt. Beide Erkenntnisse, nämlich die Relativitätstheorie und die Unschärferelation, gehen auf die Forschung im Bereich der Atomphysik zurück.

Am klarsten entwickelt Heim seine Methode der Überwindung antichristlicher Ideologien durch Radikalisierung ihrer jeweils eigenen Denkvoraussetzungen. Damit kommt es zur Selbstzerstörung des Säkularismus als einer Ideologie. Weil sich geistige Entwicklungen nicht zurückdrehen lassen, bleibt im Grunde nur die Flucht nach vorn.

„Die Krankheit kann vielmehr nur dadurch überwunden werden, daß sie zum Ausbruch kommt. Der Säkularismus kann nur dadurch besiegt werden, daß er an seinen eigenen Konsequenzen zugrunde geht und unter seinen eigenen Auswirkungen zusammenbricht. Und diesen Prozeß können wir beschleunigen, indem wir der heutigen Welt durch unser Zeugnis den Sinn des ganzen Prozesses zum Bewußtsein bringen."[19]

Heim beruft sich bei seinem Appell, die relativistischen und säkularistischen Kräfte der modernen Industriegesellschaft noch zu verstärken und sie ihrer Eigendynamik auszuliefern, bezeichnenderweise auf das Urchristentum. Die Christen des ersten Jahrhunderts seien als Atheisten angeklagt worden, weil sie den Auflösungsprozess der antiken Skepsis gegenüber der traditionell heidnischen Religiosität beschleunigt hätten. Ihrem Verhalten müsse die Christenheit in der Situation des 20. Jh. mit seinen apokalyptischen Symptomen folgen.

7.4 Eine Plattform für das missionarische Gespräch

Aus der Darstellung der Ideologiekritik Heims, die formal ganz auf der *Destruktionsmethode*[20] gründet, könnte nun leicht das Missverständnis entstehen, es ginge ihm primär um die Vernichtung der religionskritischen Weltanschauungen. Zwar versucht Heim methodisch im Sinne

---

[19] HEIM, „Der Kampf gegen den Säkularismus", in: ders., *Leben aus dem Glauben. Beiträge zur Frage nach dem Sinn des Lebens,* Berlin ²1934, S. 233.

[20] *Destruktion* meint hier die denkerische Zerstörung falscher ideologischer Annahmen.

der *doppelten Negation*[21] die *Religionskritik* durch *Ideologiekritik* zu überwinden. Diese Art der Ideologiekritik denkt jeweils von deren eigenem System her. Sie argumentiert also nicht theologisch gewissermaßen „von außen" her, sondern von den Voraussetzungen der jeweils nichttheologischen Weltanschauung „von innen" her. Aber Heim ist sich bei diesem Vorgehen bewusst, dass damit inhaltlich noch keine christliche Position gewonnen ist.

RELIGIONSKRITIK DURCH IDEOLOGIE-KRITIK „VON INNEN HER" ÜBERWINDEN

> „Aber wenn im heutigen Menschen der Prozeß der Entgötterung und Entseelung der Welt und des Menschenlebens zu Ende gekommen ist und mitten im Relativismus die Ewigkeitsfrage mit nie geahnter Kraft erwacht ist, dann tritt neben diese negative Aufgabe die viel größere positive. Es gilt heute wie damals, mitten in die entgötterte Welt das Kreuz Christi hineinzustellen und mit neuen Zungen von der Versöhnungstat Gottes zu zeugen, von der aus allein für die dämonisch zerrissene Menschheit Heilung möglich ist und durch welche allein die technische Weltbeherrschung sinnvoll wird als Teilnahme an Gottes Schöpfungswerk und Mittel zu seiner Verherrlichung."[22]

Aus dieser Bemerkung wird erst die eigentlich positive Zielbestimmung der Heimschen Destruktionsmethode erkennbar. Es geht bei dem Versuch, die verschiedenen Weltanschauungen zu Ende zu denken und sie dann an ihren Selbstwidersprüchen scheitern zu lassen, darum, eine Plattform für das missionarische Gespräch zu schaffen. Auf einem solchen vorbereiteten Feld kann dann der Glaube als die grundlegende und letztlich einzig echte Alternative zum Säkularismus in den Blick kommen. Es gibt kaum einen Argumentationsgang Heims, bei dem nicht dieses zu der radikalen Alternative von Glaube kontra Unglaube füh-

---

[21] *Doppelte Negation* (Verneinung) bedeutet hier in Anlehnung an ein Grundgesetz der Logik bzw. der Mathematik, dass sich aus der Multiplikation von Minus mit Minus ein Plus ergibt. Aus der doppelten Verneinung entsteht in Übertragung auf weltanschauliche Argumente eine neue Möglichkeit der Bejahung.

[22] HEIM, „Der Kampf gegen den Säkularismus", S. 236f.

rende Gefälle nachzuweisen wäre. Heim stellt die formale Strenge der dogmatischen Schulung, die er sich vor allem durch sein gründliches Studium der Scholastik erworben hat, ganz in den Dienst seines pietistisch-erwecklichen Anliegens. Führt das *sic et non* (Ja und Nein) der Scholastiker zur Entscheidung zwischen Lehre und Irrlehre, so zielt der Erweckungstheologe Heim durch sein Entweder-oder auf die missionarische Herausforderung. Der moderne Mensch soll sich angesichts der säkularen Auswegslosigkeiten zu Christus bekehren.

DAS MISSIONA-RISCHE ENTWEDER-ODER: DER MODER-NE MENSCH SOLL SICH ANGESICHTS SÄKULARER AUS-WEGLOSIGKEITEN ZU CHRISTUS BEKEHREN.

Als Grundschema der Heimschen Theologie ergibt sich somit ein dialektischer Dreischritt: Aufnahme einer weltanschaulichen Position und ein Zurückverfolgen bzw. Weiterdenken der darin enthaltenen Konsequenzen auf den Ursprung bzw. das Ziel dieser Position. Im Vollzug dieses Denkprozesses erweist sich die gegnerische Überzeugung als auswegslos. Angesichts ihres ideologischen Zusammenbruchs wird dann alternativ der christliche Glaube angeboten und offenbarungstheologisch entfaltet. Wichtig ist jedoch im Unterschied zur Dialektik in der Philosophie Hegels, dass sich aus der *Antithese* des Unglaubens nicht notwendig der Glaube ergibt, sondern dieser in *existenzieller Entscheidung* ergriffen werden muss oder aber abgelehnt werden kann. Zudem nimmt der am Ende angenommene Glaube an Christus nicht die Position des Unglaubens in sich auf. Er stellt damit im eigentlichen Sinne keine *Synthese* dar. Aber der Glaube kann durchaus im Einzelfall aus den Fragestellungen und Problemlösungen der nichtchristlichen Religionen, Philosophien und Ideologien konstruktive Impulse erhalten und in sich aufnehmen.

8. Das Geschenk der Glaubensgewissheit

Im zweiten Band seines Hauptwerkes entwickelt Heim unter dem Titel „Jesus der Herr" wesentliche Argumente, die nach seinem Verständnis für die Begründung des christlichen Glaubens entscheidend sind. Heim setzt voraus, dass der Mensch notwendig darauf angewiesen ist, seine Existenz in einem umfassenden und von Gewissheit getragenen Sinnganzen zu gründen, von wo aus dann die einzelnen Schritte des Menschen ihre tiefere Begründung erfahren. Die Unmittelbarkeit und im wortwörtlichen Sinne die Not-wendigkeit, in der sich die Frage nach einem letzten Halt stellt, berührt zutiefst das Selbstverständnis und die Selbstachtung des Menschen. Je mehr der Mensch aber von einem Problem existenziell betroffen ist, desto unabhängiger möchte er bei dessen Lösung von fremder Hilfe sein. Der Ruf Christi in die Nachfolge kommt nun einer Preisgabe der freien Verfügung über die eigene Zukunft gleich. Er erscheint deshalb als ungeheuerliche Zumutung und stellt für den selbstbewussten Menschen ein Ärgernis dar. Nach Heim können weder die spekulative Vernunft noch die religiöse Intuition zu dieser notwendigen Verankerung des Lebens in einem umfassenden Sinnganzen führen. Gegen jede *rational-aufgeklärte* oder *idealistisch-romantisch vorausgesetzte* Gottesunmittelbarkeit hebt Heim den *unendlichen qualitativen Unterschied* von Gott und Mensch hervor und verschärft diesen noch.

Der Ruf in die Nachfolge – für den selbstbewussten Menschen ein Ärgernis.

8.1 Die Erschütterung des Gewissens als Vorbereitung auf den Glauben

Vor allem am ethischen Konflikt kann die abgründige Ausweglosigkeit des selbstbewussten Menschen aufbrechen, der angesichts seiner Ratlosigkeit und seines Versagens in konkreten Herausforderungen des

Lebens an seine Grenzen stößt. Die Grenzerfahrung wird so zum Schlüsselerlebnis, durch das sich erst der Zugang zur Botschaft des Neuen Testaments erschließt:

> „Das Wissen um die unüberschreitbaren Grenzen, in die wir nach allem Gesagten mit unserem Nachdenken über die letzte Lebensfrage eingeschlossen sind, das Herausgeworfensein aus der schwärmerischen Zuversicht, mit der wir uns positive oder negative Gedanken über den Sinn der Welt gemacht haben, ist die einzige Vorbedingung, die erfüllt sein muß, wenn wir in der Lage sein sollen, auf die Christusbotschaft zu hören. Wir sind damit noch nicht Glaubende geworden, aber unser Ohr ist für die Botschaft geöffnet. Wir sind in der Haltung, die Jesus meint, wenn er sagt: ‚Wer Ohren hat zu hören, der höre!‘ Solange jene negative Voraussetzung noch nicht erfüllt ist, erscheint uns die Botschaft des Neuen Testaments als eine Antwort auf eine Frage, die für uns gar keine Frage ist, also als eine ‚Torheit‘, als etwas, auf das zu hören sich überhaupt nicht lohnt.“[1]

Es geht um den Zerbruch des sich stark und gesund wähnenden Menschen, der erst in der Begegnung mit Christus sein Elend und seine Krankheit erkennt. Die hier von Heim angesprochene Krise kann sehr wohl, muss aber keinesfalls mit einem äußerlich wahrnehmbaren Lebensproblem einhergehen:

> „Ein Mensch wie Tolstoi kann im Mittag seines Lebens auf der Höhe des Ruhmes und des Erfolges bei körperlicher Gesundheit und geistiger Rüstigkeit von der unlösbaren Frage überfallen werden: Wozu das alles und was dann? Die Frage kann auch unter einem betäubenden Schicksalsschlag erwachen, der uns alles nimmt, was unserm Leben Sinn gegeben hat. Die Ewigkeitsfrage kann wie bei Pascal durch philosophische Reflexion über das Unendlichkeitsproblem ausgelöst werden oder im praktischen

---

[1] HEIM, *Jesus der Herr. Die Führervollmacht Jesu und die Gottesoffenbarung in Christus* (Der evangelische Glaube und das Denken der Gegenwart. Grundzüge einer christlichen Lebensanschauung II), Hamburg ⁴1955, S. 50.

Lebenskampf auf dem Schlachtfeld eines Weltkrieges. Sie kann in der Sphäre einer hochentwickelten Religion wie Islam oder Buddhismus entstehen, sie kann aber auch mitten in einer atheistischen Haltung wie eine plötzliche Katastrophe ausbrechen."[2]

Solche Verunsicherungen des Lebens unter ganz unterschiedlichen Umständen haben als letzte Ursache immer eine Erschütterung des Gewissens, das für Heims Verständnis des christlichen Glaubens und des Vorgangs der Bekehrung eine zentrale Rolle spielt.

MACHT: DAS ERGEHEN DES MENSCHEN IN DER ÄUSSEREN, SICHTBAREN WELT

Das Gewissen stellt den Bereich im Menschen dar, an dem die Botschaft von Christus ansetzen kann. Heim bemüht sich entschlossen, die Eigenständigkeit des Gewissens zu betonen und deutlich zu machen, dass *Schuld* und *Schicksalsmacht* völlig unterschiedliche Sphären der Existenz darstellen. Die Schuldfrage ist von ganz anderen Voraussetzungen bestimmt als das, was Heim die Machtfrage nennt. *Macht* bezeichnet nach seinem Verständnis das Ergehen des Menschen in der äußeren, sichtbaren Welt und schließt außer der politischen und wirtschaftlichen Macht auch Gesundheit, Schönheit, Erfolg, Ruhm etc. ein. Die *Schuld* wird von Heim demgegenüber streng theologisch von der Gottesbeziehung her definiert. Sie hat es mit Vorgängen der nichtgegenständlichen Wirklichkeit zu tun, die in ihrer spezifischen Eigenart nur durch das Gewissen wahrgenommen werden können. Die grundlegende Unterschiedenheit von *Schuld* und *Macht* bedeutet allerdings nicht, dass beide Bereiche beziehungslos nebeneinander stünden. Im Gegenteil: In der vorfindlichen äußeren Welt spiegelt sich die innere Situation des gefallenen Menschen wider und weist damit auf das ursprüngliche Ereignis des Sündenfalles zurück. Analog dazu werden alle endzeitlichen Ereignisse bis zur Vollendung der Welt Lebensäußerungen innerer Vorgänge sein. Diese vollziehen sich hier und heute auf der Ebene von *Sünde* und *Rechtfertigung*. *Schuld* bzw. *Unschuld* steht zur *Realität*, d. h. der jeweiligen „Machtkonstellation", in einer Art Ursache-Wirkungs-Zusammenhang, und zwar im Sinne des paulinischen Grundsatzes: „Der Tod ist der Sünde Sold"

---

[2] HEIM, *Jesus der Herr*, S. 51.

(Röm 6,23). Aber dieser Zusammenhang ist verborgen und kann nur von einem erwachten bzw. erweckten Gewissen wahrgenommen werden. Denn solange Schuld als Eigenverantwortung des Menschen für sein gestörtes Gottesverhältnis geleugnet wird, solange ist der betreffende Mensch auch für die Botschaft des Evangeliums unzugänglich. Erst wenn der Mensch hinter den sich wandelnden Machtkonstellationen seiner Lebensumstände die tiefere Krise der Schuld entdeckt, gehen ihm auch die wahren Hintergründe für die Krisen seiner Existenz auf.

„Die Dissonanz, die durch die Schöpfung geht, tritt unter einen völlig neuen Gesichtspunkt, wenn sich uns in Form eines Ereignisses, das wir nicht in unserer Gewalt haben, die Dimension des überpolaren Raumes erschlossen hat. Wie wir schon früher sahen, können wir dieses Ereignis nicht aus eigner Kraft herbeiführen. Es muß ohne unser Zutun über uns kommen. Nur das eine ist klar: Das Ereignis, um das es hier geht, muß sich im Zentrum unserer Persönlichkeit, nämlich im Gewissen, vollziehen. An dieser zentralen Stelle müssen wir einen Auftrag erhalten, der uns vollständig in Beschlag nimmt."[3]

Existenzielle Betroffenheit im Gewissen – die negative, allgemeine Offenbarung

Heim argumentiert hinsichtlich der durch das Gewissen gewonnenen Erkenntnisse und Entscheidungen nicht *psychologisch* bzw. innerweltlich, also auf der Ebene der Machtfrage, sondern *„überpolar"*, das bedeutet in diesem Zusammenhang *theologisch*. Die Erkenntnis der Schuld ist jedoch auch keine theoretische Angelegenheit, die durch systematischen Scharfsinn oder durch eine spekulative Einsicht vermittelt werden könnte. Die sich dem Gewissen enthüllende Wahrheit ist ihrem Wesen nach weder *sinnlich-empirisch* noch *logisch-rational*, sondern eine

---

[3] HEIM, *Weltschöpfung und Weltende* (Der evangelische Glaube und das Denken der Gegenwart. Grundzüge einer christlichen Lebensanschauung VI), Hamburg ²1952, S. 140.

überrationale Betroffenheit, die im Horizont menschlicher Erfahrungen nur an ihren Wirkungen zu erkennen ist.

Im Gewissen erschließt sich angesichts menschlicher Sünde zugleich das Verständnis für die Bedeutung der Passion Christi. Dem Gewissen kommt demnach im umfassenden Sinne die Aufgabe einer Vorbereitung auf das Evangelium zu. Damit es zur Offenheit und Betroffenheit des Gewissens vor Gott kommt, können äußere Lebensbedingungen, die dem **EXISTENZIELLE VERUNSICHERUNG ALS NEGATIVE VORBEDINGUNG FÜR DIE POSITIVE GOTTESERKENNTNIS** Menschen seine ausweglose Situation in der Welt vor Augen führen, jedoch förderlich sein. Heim bezeichnet die durch eine Lebenskrise herbeigeführte Verunsicherung des Menschen als negative Vorbedingung für die positive Gotteserkenntnis. Es handelt sich um eine *allgemeine Offenbarung* im Unterschied zur *besonderen* heilsgeschichtlichen bzw. biblischen *Offenbarung.* Die Passivform „herbeigeführt" ist dabei zu unterstreichen, denn auch die negative Vorbedingung für die geistliche Hör- und Verstehensfähigkeit ist der intellektuellen und praktischen Verfügung des Menschen entzogen. Sie ist ein Geschenk der Gnade.

Eine spezifische, gleichsam verdichtende Funktion der als allgemeine Offenbarung verstandenen Gewissenserkenntnis kommt der Erfahrung der Vergänglichkeit und des unmittelbar nahen Todes zu:

> „Wenn uns also Gott fremd und fern und unheimlich bleibt, wenn unser ruheloses Menschenherz keine Ruhe findet in Gott, so hat das immer nur einen Grund. Unser Gewissen ist nicht frei, es ist noch von etwas belastet, was nicht in Ordnung gekommen ist. Daß das der verborgene Grund unserer Ruhelosigkeit und Gottesferne ist, das kommt oft auch bei Menschen, die sich wenig um Religion gekümmert haben, angesichts des Todes ganz unerwartet zu Tage."[4]

Zur Illustration führt Heim sowohl das Erschrecken des jungen Luther beim Gewitter in Stotternheim an als auch Zeugnisse von Zeitgenossen

---

[4]   HEIM, *Die stärkste Wurzel unserer Kraft,* Berlin (die kleine Broschüre enthält weder Jahr noch Seitenzahlen, verm. 1940).

in verschiedenen kulturellen Kontexten, so z. B. den Japaner *Kokichi Kurosaki* (vgl. S. 134 u. 138f.). Das Wissen um die Bedrohung durch den Tod hat für Heim eine die Erkenntnis erschließende Funktion. Das Gewissen soll für die Ewigkeitsproblematik sensibilisiert werden. Das Wissen um den eigenen Tod kann den Menschen für das Verständnis von Gericht und Gnade vorbereiten. Umgekehrt ist die Bewährung in Todesnot für Heim ein Zeichen für die Echtheit des Glaubens, das auch für den Nichtglaubenden zu einem unübersehbaren Zeichen wird. Der Tod als radikalste Form der Infragestellung menschlicher Existenz kann die Aufgabe übernehmen, das durch die Sünde erstorbene Gewissen zu erschüttern:

> „Es geht hier nach dem Wort, das im zweiten Teil von Ibsens Drama ‚Brand' einmal vorkommt: ‚Der Tod ist die Rednertribüne des Lebens. Wenn wir von dort aus sprechen, werden wir verstanden.‘"[5]

Die in den vielfältigen Ausweglosigkeiten des Denkens und Lebens wurzelnde Krise, die ihren Tiefpunkt im Todesschicksal hat, ist eine allgemeine Offenbarung. Sie ist jedoch trotz ihrer Allgemeinheit ein von außen kommendes geistliches Ereignis, das dem Menschen geschenkweise zuteil wird und ihn auf das Evangelium vorbereitet. Heim weist nachdrücklich auf den unverfügbaren Charakter des Bekehrungsgeschehens hin und räumt auch in diesem Zusammenhang ein, dass es keinen in sich schlüssigen Zugang zum Glauben gibt. Für den distanzierten Beobachter erscheint nach wie vor jedes Zum-Glauben-Kommen als ein willkürlicher Akt, da die allgemeine Offenbarung zwar generell wirkt, aber durchaus nicht bei allen Menschen als Vorbereitung auf das Evangelium aufgenommen wird.

---

[5]   HEIM, *Weltschöpfung und Weltende*, S. 152; vgl. auch HEIM, *Die Auferstehung der Toten,* Metzingen 1951, S. 9f.

Besondere Offenbarung als erwählende Berufung

Die sich je und dann ereignende Bekehrung, die dem natürlichen Menschen unter rationalen und empirischen Gesichtspunkten als pure Willkür erscheint, deutet Heim hingegen bewusst theologisch als Erwählung und damit als ein spezifisches Werk des Heiligen Geistes.

> „Menschen, durch die Gott redet, haben das Bewusstsein, dass sie im Widerspruch zu allen ihren eigenen Wünschen und Neigungen durch ein unentrinnbares Schicksal schon vom Mutterleibe an ausgesondert sind, um im Namen Gottes etwas zu sagen. Der Geist Gottes hat sie gezeichnet, wie der Förster mit einem Beilhieb einen Baum im Walde zeichnet, der gefällt werden soll."[6]

Heim bindet dadurch die Erkenntnis Gottes nachdrücklich an die erwählende Berufung durch Gott. Jedes theologische Wissen hat im Gewissen seinen Anknüpfungspunkt und weist über sich hinaus auf einen einmaligen, unverwechselbaren Akt der Berufung. Dieser Akt ist weder durch die Vernunft begründbar noch aus der irdischen Geschichte ableitbar, sondern stellt ein geistliches Geschehen ganz eigener Art dar, was schon daran ersichtlich wird, dass innerweltliche Auswahlkriterien angesichts des Geheimnisses der göttlichen Erwählung nicht greifen.

Weil es sich wesensmäßig um eine Gewissenserkenntnis und -entscheidung handelt, also einen theologischen Vorgang, der sich auf der nichtgegenständlichen Ebene der Schuldfrage vollzieht, lässt sich Gottes Erwählen nicht mit Maßstäben irdischer Macht, Ästhetik, Intellektualität etc. begründen. Gott relativiert vielmehr durch seine Berufungen alle menschlichen Wertunterschiede und zerbricht alle Erwartungen, die auf Grund menschlicher Maßstäbe erhoben werden. Dennoch hat die übernatürliche und damit überrationale Erwählung Gottes für den Erwählten eine Überzeugungskraft eigener Art und zwar sowohl im Sinne der negativen Glaubensvorbereitung wie auch der positiven Glaubensannahme.

Vor die Frage des Glaubens gestellt, steht der Mensch zunächst ratlos

---

[6] HEIM, *Jesus der Herr,* S. 175.

vor scheinbar gleichberechtigten Wahrheitsansprüchen unterschiedlicher Religionen bzw. philosophischer Entwürfe. Deshalb erscheint jede Entscheidung für eine der vielen Weltanschauungen als bloße Willkür. Im „Weltbild der Zukunft" stellt Heim alles Geschehen innerhalb der irdischen Wirklichkeit in diesem Sinne als willkürliche Setzung von Fakten dar. Da die Welt in allen Lebensbereichen von Widersprüchen bestimmt ist, wird die Widersprüchlichkeit der Realität zur existenziellen Krise des Menschen. Damit demonstriert Heim die Gleichartigkeit der christlichen Glaubensentscheidung mit allen anderen Entscheidungsvorgängen in der Welt. Der Glaube steht so gesehen nicht außerhalb oder gar gegen den „weltlichen" Erkenntnis- und Entscheidungsprozess, wie er z. B. in der Wissenschaft und Kunst oder auch im alltäglichen Leben zu finden ist, sondern hat an der scheinbaren Willkür solcher Entscheidungen teil. In dieser Teilhabe an der allgemeinen Krisis des Menschen besteht ein weiterer wichtiger Aspekt der sogenannten allgemeinen Offenbarung.

Die besondere Offenbarung, d. h. die Erkenntnis göttlicher Erwählung als Grund des Glaubenkönnens, hat demgegenüber eine viel umfassendere positive Überzeugungskraft. Der Glaube erleidet nicht die Auswegelosigkeit der Welt, sondern empfängt das Geschenk unverdienter Gewissheit. Er blickt auf die in der Erschütterung und Anfechtung getroffene Entscheidung zurück und erkennt, dass in ihr keine menschliche Willkür, sondern göttliche Gnade wirksam war. Die menschliche Entscheidung ist zeitlich aus der Ratlosigkeit geboren und greift in eine ungewisse Zukunft hinein. Die göttliche Berufung ist demgegenüber ewig, denn sie kommt von Gott, führt zu ihm hin und schaut in der Gewissheit des Glaubens auf das Irdische und Zeitliche als überwundene Not zurück.

„Wohl vollzieht sich jede Bekehrung zu Christus durch einen bewußten Willensentschluß, der unter der Botschaft eines lebendigen Zeugen zustande kommt. Aber jeder, der zur inneren Umkehr kommt, macht hinterher die Entdeckung, daß er dabei keine eigene Entscheidung getroffen hat, sondern daß von Ewigkeit her, das heißt auf überzeitliche Weise, über ihn entschieden worden ist. Seine Hingabe an Christus ruht auf einer überzeitlichen

Berufung, die auf der zeitlichen Ebene in die Tat umgesetzt worden ist und die sich auf der zeitlichen Ebene in Form einer Hingabe unseres Willens niederschlägt. Hier stehen wir vor einem Geheimnis, das wir mit unserem Denken nicht mehr ergründen können."[7]

Anhand biblischer und kirchengeschichtlicher Selbstzeugnisse versucht Heim, den Zusammenhang zwischen der allgemeinen und der besonderen Offenbarung deutlich zu machen und die Bedeutung solcher Selbstzeugnisse auch für die Auseinandersetzung mit den verschiedenen Traditionen anderer Religionen herauszustellen. Die allgemeine Offenbarung erweist sich z. B. auch bei Menschen der ostasiatischen Kulturkreise als Realität. Menschen, die in unterschiedlichen mystischen Erfahrungen leben, werden von tiefen Erschütterungen ihres Gewissens betroffen und erkennen, dass sie als geistige Wesen nicht in Gott aufgehen können, sondern in persönlicher Verantwortung als Person vor ihm bestehen müssen. „Unser Gewissen sagt es uns nach jedem tiefen Fall: Der Gott des Indifferenzzustandes oder der verzeihenden Liebe, aus dessen Wesen wir die Vergebung unserer Sünde so leicht abgeleitet haben, ist ein Gebilde unseres eigenen Denkens, bei dem unser erschrockenes Gewissen keine Ruhe findet."[8] Und wenn die tiefste aller inneren Krisen, die Not des Gewissens, aufbricht, ist mit dieser Erkenntnis auch ein umfassendes Wissen über die eigene Person und die Struktur des *Ich-Du-Raumes* eröffnet. Die Selbsterkenntnis des *Ich* wird an dem *Du* Gottes gewonnen, das dem Menschen in der Betroffenheit seines Gewissens aufgeht. Unter dem Eindruck und der Einsicht des Gewissens vermag sich der von Gott gerufene Mensch seiner Berufung nicht mehr zu entziehen. Bewusst verknüpft Heim Luthers Klosterkampf und dessen religiöse Erfahrung

> **HINGABE AN CHRISTUS RUHT AUF EINER ÜBERZEITLICHEN BERUFUNG.**

---

7 HEIM, *Jesus der Weltvollender. Der Glaube an die Versöhnung und Weltverwandlung* (Der evangelische Glaube und das Denken der Gegenwart. Grundzüge einer christlichen Weltanschauung III), Hamburg [3]1952, S. 241.
8 HEIM, *Jesus der Weltvollender,* S. 98.

deshalb mit Beispielen von Bekehrungen asiatischer Menschen. Die vor dem Angesicht Gottes erfahrene Krise führt zur Umkehr des Denkens und Abkehr von der bisherigen Lebenspraxis, einschließlich der damit verbundenen religiösen Wertesysteme:

„Was dem deutschen Mann Luther den Heilsweg der mittelalterlichen Kirche fragwürdig machte und seinem Leben einen neuen Zielpunkt gab, das führte, nur in anderer Form, die Hindufrau Pandita Ramabai und den japanischen Samurai Kurosaki über den mystischen Heilsweg hinaus. Luther befand sich im strengsten Kloster in Erfurt und hatte es ernstlich mit der mystischen Askese des Mönchtums versucht. Ebenso hatte Pandita Ramabai schon in ihrer Kindheit auf der Pilgerfahrt von Heiligtum zu Heiligtum herrliche Kräfte der Liebe und Hingabe entfaltet und im Befreiungskampf der indischen Frauenwelt ihr Leben eingesetzt. Kurosaki hatte alle Seligkeiten der pantheistischen Mystik Ostasiens durchgekostet. Aber alle diese drei Menschen von höchster religiöser Kultur kamen unabhängig voneinander zu derselben Erkenntnis, die alles in ihnen revolutionierte und eine Umwälzung ihrer Lebensgrundlagen hervorrief. Sie sahen: Das innerste Heiligtum meiner Persönlichkeit, das ich bisher als den Identitätspunkt mit der Gottheit ansah, nämlich mein Seligkeitsverlangen, meine Sehnsucht nach mystischer Einheit mit Gott, gerade das ist nicht, wie ich glaubte, göttlich, sondern bewegt sich in einer Gott entgegengesetzten Richtung."[9]

---

[9] HEIM, *Leben aus dem Glauben. Beitrage zur Frage nach dem Sinn des Lebens,* Berlin ²1934, S. 13.

8.2 Kreuz und Auferstehung – nur Tatsachen schenken Gewissheit

Alle Selbst- und Welterkenntnis des Menschen kann nach Heim nur bis zur Anerkennung letzter erkenntnistheoretischer und existenzieller Ausweglosigkeit führen. Dies durch die Analyse der Wirklichkeit sichtbar zu machen, ist Ziel seiner Fundamentaltheologie „GLAUBE UND DENKEN". Von daher ist es einsichtig, dass dieses Werk, das Heim mit zwölf Leitsätzen zusammenfasst, in die These mündet: „Ist Gott Wirklichkeit und nicht im Sinn der drei säkularen Möglichkeiten wegzudeuten, dann können wir das, was er ist und will, mit unserer Beobachtung und unserem Denkvermögen nicht erreichen. Wir sind auf Gottes Offenbarung angewiesen."[10] Um die Realität geschehener Offenbarung in Kreuz und Auferstehung Jesu Christi geht es Heim dann in den folgenden Bänden seines Hauptwerkes „JESUS DER HERR" und „JESUS DER WELTVOLLENDER". Beide Heilsereignisse, Kreuz und Auferstehung, spielen für ihn zur Begründung des Glaubens eine zentrale Rolle. Diese Ereignisse sind Tatsachen, die es ohne irgendwelche philosophische Akrobatik ganz schlicht zur Kenntnis zu nehmen gilt:

„Wenn wir ein Ereignis erfassen wollen, müssen wir alle Versuche aufgeben, das, was tatsächlich geschehen ist, mit Hilfe unserer eigenen Gedanken und Begriffe zu erdenken oder vorauszukonstruieren. Sobald wir etwa aus einem allgemeinen Prinzip heraus, das wir schon mitbringen, deduzieren wollen, was geschehen sein muß, sind wir nicht mehr imstande, das Ereignis selbst in seiner Neuheit und Unerfindlichkeit zu sehen. Unser Nachdenken kann also immer erst dann einsetzen, wenn wir die Botschaft von dem Ereignis schon vernommen haben. Unser Denken kann erst hinterher nachzeichnen, was uns zunächst auf eine unerfindbare Weise geschenkt ist."[11]

---

[10] HEIM, *Glaube und Denken. Philosophische Grundlegung einer christlichen Lebensanschauung*, Hamburg ⁵1957, S. 229.
[11] HEIM, *Jesus der Herr*, S. 159.

Die theologische Rede ist also im Unterschied zur philosophischen nicht in die Zukunft hinein *spekulativ*, sondern *zurückschauend* bzw. *reflektierend*; sie bezieht sich auf ein tatsächliches Geschehen in der Vergangenheit. Das Geschehen selbst lässt sich nicht ableiten, sondern nur als vorgegeben hinnehmen und im Nachhinein bedenken.

HISTORISCHE EREIGNISSE KÖNNEN NUR WAHRGENOMMEN, NICHT SPEKULATIV ERFASST WERDEN.

Die Objektivität des Heilsereignisses besteht inhaltlich im Kreuz und der Auferstehung Jesu Christi als eines *perfektischen* Heilsereignisses, wobei die Auferstehung einen auf die Zukunft hin offenen Horizont der Erwartung darstellt.

Die Lösung der Schuldfrage am Kreuz

Die am Kreuz vollbrachte Erlösung vergleicht Heim mit dem Bild vom „Aufgenommenwerden der schiffbrüchigen Menschen, die sonst rettungslos in der Tiefe versunken wären, in ein Rettungsboot"[12]. Das Kreuz Christi enthüllt den hinter allen weltlichen Selbstwidersprüchen liegenden Charakter der ausweglosen Situation des Menschen. Nicht eine göttliche Harmonie als Auflösung aller Gegensätze, sondern eine unendliche Verschärfung des unversöhnlichen Gegensatzes zwischen Gott und Satan wird durch das Kreuz offenbar.

„Nur an einer Stelle fällt Licht darauf (gemeint ist das letzte Geheimnis). Nämlich dort, wo die vereinten Weltmächte Christus ans Kreuz schlagen, wo sich also die göttliche und die satanische Macht mit offenem Visier gegenüberstehen. Dieser unlösbare Widerstreit bezeichnet die Grenze unserer Erkenntnis, die wir nie überschreiten können."[13]

Der unüberschreitbare Widerstreit, der rational nicht auflösbar ist, besteht darin, dass Gott einerseits die schlechthin umfassende Wirklichkeit

---

[12] HEIM, *Jesus der Herr*, S. 158.
[13] HEIM, *Jesus der Weltvollender*, S. 52.

ist. Gott herrscht über den Satan mit souveräner Macht. Das bedeutet jedoch nicht, dass Gott an der satanischen Bosheit Anteil hätte, er trägt keinerlei Verantwortung für das zerstörende Werk des Teufels. Das Kreuz enthüllt vielmehr das Wesen der polaren Welt als Ausdruck des zerbrochenen Verhältnisses zwischen Gott und Mensch. Es macht die Ursache für die abgründigen Gegensätze der Weltgeschichte transparent. Der tiefste Sinn der Sendung Jesu und seines Kreuzes besteht nach Heim darin, dass der Sohn Gottes gekommen ist, „die Werke des Teufels zu zerstören" (1 Joh 3,8). Der Satan wird von Heim als überpolarer, im gesamten Kosmos wirkender, empörerischer Wille gegen Gott interpretiert und ist als solcher nur personal zu verstehen. Wenn es um den Kampf Christi mit dem „Fürsten dieser Welt" geht, kann man nicht auf der theoretischen Ebene allgemeine Erkenntnisse gewinnen, sondern man muss die heilsamen Wirkungen des Kreuzes persönlich erleben, um zu erfassen, worum es bei der Erlösung wirklich geht. Deshalb ist jede dogmatisch durchdachte Heilslehre nur nachträgliche Rückbesinnung auf die bereits subjektiv erfahrene Wirklichkeit des Heils. In seiner bildhaften und an Beispielen reichen Sprache versucht Heim, die Tatsächlichkeit des Heilsgeschehens klarzumachen:

SATAN: PERSONALER, „ÜBERPOLARER" GEGENWILLE GEGEN GOTT

> „Jahrhundertelang wurde die Heilkraft gewisser heißer Quellen von Menschen praktisch erprobt, die an Gicht und Rheumatismus litten. Tausende sind dadurch geheilt worden. Aber erst in den letzten fünfzig Jahren hat die Wissenschaft die Erklärung für diese Heilerfolge gefunden und festgestellt, daß diese Heilkraft vom Radium herrührt, das in diesen Quellen enthalten ist. Die Tatsache der Heilkraft dieser Quellen war viel wichtiger als jede Erklärung."[14]

Die heilsame Kraft der Versöhnung durch das Kreuz Christi erweist sich nun genau an der Stelle, an der der Mensch den tiefsten Schmerz seiner inneren Not empfindet, nämlich im Gewissen.

---

[14] HEIM, *Jesus der Weltvollender,* S. 76f.

In seinem Aufsatz über „DIE ABSOLUTHEIT DES CHRISTENTUMS" räumt Heim ein, dass theoretisch kein religionswissenschaftlicher Beweis für den universalen Wahrheitsanspruch des christlichen Glaubens geführt werden kann. Der Erweis für die überwindende Kraft des Evangeliums kann stattdessen nur im unmittelbaren, konkreten Ringen mit den nichtchristlichen Religionen erbracht werden. Beim Vergleich zeigen sich zunächst durchaus die religiösen Vorzüge anderer Religionen, z. B. im Faszinosum des liturgischen Kultus oder in der Tiefe mystischer Versenkung oder in der Innigkeit des spirituellen Erlebens. Diesem religiösen Reichtum kann die christliche Kirche, soweit sie im Sinne des Neuen Testaments Gemeinde ist, keine entsprechende Erfahrung entgegenstellen. Aber das objektive, als historisches Geschehen nicht zu leugnende Ereignis des Kreuzes erweist sich ungeachtet aller eindrücklichen Angebote der nichtchristlichen Religionen als erfahrbare, heilbringende Kraft:

> „Nur eins können sie (die nichtchristlichen Religionen) nicht geben, das, worauf für uns Menschen zuletzt doch allein alles ankommt, ein versöhntes Gewissen. Daß ein sterbender Mensch angesichts der Ewigkeit, belastet mit einer schweren Vergangenheit, unfähig, irgend etwas wieder gutzumachen, es wagt, sein Vertrauen auf das vollbrachte Werk Christi zu setzen, und daß er nun wirklich Boden findet, daß das gerade angesichts des Todes erlebt wird, in der Lage, in der jeder am ehrlichsten gegen sich selbst ist und sich keine Illusionen macht, das war zu allen Zeiten der einzige Beweis für die Wahrheit der Botschaft, daß Gott die Welt in Christo tatsächlich mit sich versöhnt hat."[15]

Wie Heim sich dies konkret vorstellt, beschreibt er ausführlich in seiner Autobiografie am Beispiel der Bekehrung des japanischen Samurai *Kokichi Kurosaki*, der dem Wort von der Versöhnung durch einen schlichten Christen begegnet und durch dessen Zeugnis in seinem Gewissen überwunden wird. Bezeichnend ist, dass Heim die negative Voraussetzung für das Hören der Heilsbotschaft, nämlich die Erkenntnis der

---

[15] HEIM, „Die Absolutheit des Christentums", in: *Glaube und Leben*, Berlin ²1928, S. 461f.

eigenen Krise, zunächst bei Kurosaki aufzeigt, um dann deutlich zu machen, wie sich die Botschaft vom Kreuz im Gewissen als heilswirksam und damit letztendlich auch intellektuell überzeugend erweist.

„Aus dieser traurigen Lage sollte ihm nicht irgendein Missionar oder Pfarrer einer Kirche heraushelfen, auch nicht ein Theologe oder Philosoph, sondern ein ganz schlichter, ungebildeter, alter Mann, der zu einer Brüdergemeinde gehörte, der aber kaum lesen und schreiben konnte. Aber die Bibel las er als sein tägliches Brot. Während Kurosaki mit allen seinen religiösen Erlebnissen nie seines Heils wirklich gewiß werden konnte, so hatte dieser Mann völlige Gewißheit seines Heils, weil, wie er sagte, der Herr für mich gestorben ist. Im Gegensatz zu dem im All verschwimmenden Ich, in dem Kurosaki Ruhe gesucht hatte, stand hier das eine Ich, das seinen Halt gefunden hatte in dem einen Du des Heilandes, der durch seine einmalige Tat am Kreuze unsere Sünde getragen hat. Hier fand also eine Begegnung statt zwischen dem Zen-Buddhismus, dieser geistvollsten, vollendetsten Form des Heidentums, und dem biblischen Evangelium. Das Ergebnis dieser Begegnung muß für jeden Missionar und jeden Seelsorger von besonderem Interesse sein."[16]

Die Erfahrung der persönlichen Krise in Verbindung mit der Heilssehnsucht ist also der missionarische Anknüpfungspunkt für das Wort vom Kreuz. Was Heim beispielhaft an *Kokichi Kurosaki* aufzeigt, gilt im umfassenden Sinn für die Situation des Menschen in allen Religionen.

DIE ERFAHRUNG DER PERSÖNLICHEN KRISE IN VERBINDUNG MIT DER HEILSSEHNSUCHT IST MISSIONARISCHER ANKNÜPFUNGSPUNKT.

Wenn in der Religion ein Mensch zur persönlichen Einsicht seiner Verlorenheit unter dem Gesetz kommt, beginnt er, nach einer Rettung jenseits seiner Person und seiner moralischen Leistungsfähigkeit Ausschau zu halten; das Heil muss, wenn es überhaupt in Sicht kommt, außerhalb des menschlichen Horizonts

---

[16] HEIM, *Ich gedenke der vorigen Zeiten. Erinnerungen aus acht Jahrzehnten*, Hamburg 1957, S. 206.

liegen. Nur so kann es den in seiner Sünde Eingeschlossenen befreien. In dem Aufsatz „Die Einheit des Missionsauftrags Christi an alle Völker"[17] versucht Heim, in verschiedenen Kulturen und Religionen Erlösergestalten auszumachen, in denen sich die Sehnsucht nach einem von außen kommenden Heiland manifestiert und die dadurch zum Anknüpfungspunkt für die Verkündigung des Evangeliums werden können. Als Heilandsgestalt versteht sich der Perser *Zarathustra* (um 600 v. Chr.), der als Held im apokalyptischen Endkampf zwischen Licht und Finsternis den Sieg behält und die neue Welt als Heilsbringer schafft. In der indischen Sage vom frommen König *Vipascit* wird ein Dulder geschildert, der nach seiner Läuterung in einer Art Fegefeuer freiwillig auf seine Erlösung verzichtet, um den Gequälten durch seine heilende Gegenwart in der Hölle Linderung zu gewähren. Noch klarer profiliert ist die Erlösergestalt *Krischnas* in der *Bhagavadgita*. Krischna, dessen historische Gestalt nicht datiert werden kann, tritt in jedem Weltzeitalter neu auf, um gegen die chaotische Macht des Bösen zu kämpfen. Das Böse nimmt immer schlimmere Ausmaße an, wird aber von Krischna in einem letzten Endkampf vernichtet, und daraufhin wird er als kosmischer Heiland gefeiert. Selbst in der rationalen Vorstellungswelt des *Konfuzius* begegnet uns ein Erlöserhymnus, in dem ein kommender Retter angekündigt wird, zu dem alle Völker sich aufmachen, um von ihm Belehrung und Hilfe zu erfahren.

Die beeindruckendste außerchristliche Heilandsgestalt ist der im nördlichen Buddhismus verehrte *Amida*, da in ihm nach Heims Überzeugung das Evangelium Christi in seiner paulinisch-reformatorischen Zuspitzung „allein aus Gnaden" greifbar nahegerückt und so vorgebildet ist, dass diese Lehre unmittelbar den Boden für die christliche Mission bereitet. Die auf den Priester *Schinran* im 12. Jh. zurückgehende Laienbewegung gründet auf der Einsicht, dass die religiöse Eigenleistung mystischer Meditation und asketischer Lebensgestaltung die eigentliche Schuldverflochtenheit des menschlichen Herzens nicht zu entwirren ver-

---

[17] Heim, „Die Einheit des Missionsauftrags Christi an alle Völker", in: *Das Heil der Welt. Die Botschaft der christlichen Mission und die nichtchristlichen Religionen*, hrsg. und erl. von Friso Melzer, Moers 1986, S. 133-158.

mag. Die Erlösung wird deshalb nicht in den religiösen Kräften der eigenen Seele gesucht, sondern im Gelübde des berühmten *Buddha Amithaba*, der zugesagt hat, er selbst wolle nicht in das vollkommene *Nirwana* eingehen, bevor nicht alle lebenden Wesen, die sich nach Rettung sehnen, ebenfalls zur Erleuchtung gekommen sind.

„Was die Amida-Jünger an ihrem Heiland am meisten bewundern, worüber sie Tränen der Rührung und Andacht vergießen können, das ist, daß er aus Liebe zu den unerlösten Menschen auf dieses Erlöschen verzichtet hat."[18]

Unter dem Eindruck der zwanzig Millionen Anhänger der japanischen Amida-Buddha-Sekte kommt Heim zu der Überzeugung, dass die Hinwendung der Asiaten zu Christus kein seltener missionarischer Einzelfall bleiben müsste, wenn in den hier bereiteten Boden das Evangelium eingestreut würde. Die Möglichkeit, dass in China und Japan ein einheimisches Christentum entsteht, ist nach Heim nicht von der Hand zu weisen. Denn auf Grund der dort virulenten Frage „Wie kriege ich einen gnädigen Gott?" stehen diese Völker, soweit in ihnen nach der Gnade gefragt wird, dem Reich Gottes viel näher als die materialistischen Staaten des Westens mit ihrer nachchristlichen Kultur. Aus eigener Begegnung erinnert sich der dreiundachtzigjährige Heim seiner weltmissionarischen Hoffnungen:

„Ich konnte mich des Gedankens nicht erwehren: Wenn diese Menschen schon unter dem Eindruck des blassen Phantasiebilds eines Wesens, das um eines einzigen Sünders willen auf seine Seligkeit verzichtet, Tränen der Rührung vergießen, was würde erst geschehen, wenn ihnen der lebendige Heiland, der am Kreuz für uns verblutete, von einem vollmächtigen Zeugen vor Augen gemalt würde, der Heiland, in dem das alles erfüllt ist, was in dem blassen Phantasiebild des Amida nur unbestimmt geahnt war!"[19]

---

[18] HEIM, *Das Missionsproblem in den Kulturländern Ostasiens*, S. 734.
[19] HEIM, *Ich gedenke der vorigen Zeiten*, S. 390; vgl. auch S. 194f.

Es ist also die feste Zuversicht des Rechtfertigungsglaubens, die ausschließlich auf das Tun Gottes in Christus hinweist, die Heim der mystischen Heilslehre des Buddhismus mit ihrer Ungewissheit, Angst und Resignation entgegensetzt. Gegen die mystische Gesetzesfrömmigkeit stellt er die durch Christus bewirkten Heilstatsachen: nämlich die von außen kommende und für den vernünftigen Menschen unfassbare Gerechtigkeit Gottes; die Erneuerung des Menschen durch Wasser und Geist im Sakrament der Taufe, durch das die Sünde beseitigt wird, sodass der Mensch von seiner belastenden Vergangenheit Befreiung erfährt; und schließlich die Ankündigung des hereinbrechenden Gottesreiches, dessen Sieg in Kreuz und Auferstehung Christi schon feststeht.

„Stellen wir uns dieses Gesamtbild der Religionsgeschichte vor Augen, auf der einen Seite die mystische Resignation, in die alle animistischen Religionen zuletzt ausmünden, auf der anderen Seite die kleine Gemeinde der Hoffenden, die nicht verzichten, sondern nach einer Lösung ausschauen, dann wird deutlich, was der Absolutheitsanspruch des Urchristentums bedeutet."[20]

Die Macht der christlichen Botschaft, Menschen aus ihrer alten Existenz herauszurufen und völlig neu zu machen, erweist sich dabei unabhängig vom jeweiligen kulturellen und religiösen Hintergrund. Der vom Evangelium Erreichte wird durch das verkündigte Wort offen, sich die Versöhnung allein aus Gnaden schenken zu lassen.

Die Lösung der Machtfrage in der Auferstehung

Heim gründet den christlichen Glauben somit gegen jede bloß mystische Erfahrung, philosophische Spekulation und mythologische Heilssehnsucht auf geschichtliche Ereignisse, die er im Sinne seines heilsgeschichtlichen Realismus als historische Tatsachen auffasst, auch wenn diese weit über den Horizont des bloß Historischen hinausreichen. Dies

---

[20] HEIM, *Die Absolutheit des Christentums in der Religionsgeschichte*, S. 457.

wird an seiner Interpretation der neutestamentlichen Eschatologie[21] im Allgemeinen und der Auferstehungsgeschichte im Besonderen deutlich. Damit ist neben dem Kreuz der zweite Brennpunkt in der Theologie Heims benannt. Kreuz und Auferstehung bilden in Bezug auf die Erlösungsbedürftigkeit des leidenden Menschen die Offenbarungsantwort Gottes. Durch das Kreuz wird die *Schuldfrage*, durch die Auferstehung die *Machtfrage* gelöst.

Heim stellt sich damit entschieden gegen jeden Versuch der neueren protestantischen Theologie, das Heil auf die Innerlichkeit bzw. die Ethik zu beschränken. Denn dann hätte Christus zwar die Schuldfrage, aber nicht die Machtfrage entschieden; und eine halbe Erlösung wäre letztlich gar keine Erlösung. Die bedrückende Theodizeeproblematik, d. h. die Frage nach dem Leid in der Welt angesichts der Güte und der Allmacht Gottes, ist dafür ein Indiz. Sie erwächst aus der Spannung, dass die Schuldfrage zwar gelöst ist, aber die universale Lösung der Machtfrage, die eine direkte Auswirkung der bereits geschehenen Auferstehung Christi sein wird, noch aussteht. Christus lebt als Urbild der neuen Schöpfung bereits in dem Zustand der Vollendung, dem die Gemeinde und mit ihr die vergehende Schöpfung noch entgegenharrt.

Vollendung des individuellen, menschlichen Lebens wie auch der Schöpfung als Ganzes

Christliche Enderwartung zielt nach Heim auf Vollendung sowohl des individuellen menschlichen Lebens als auch der Schöpfung als Ganzes. Leiblichkeit als Ziel der Wege Gottes umfasst nicht nur leibhaftige Auferstehung des Einzelnen, sondern die Vollendung aller natürlichen und kulturellen Lebensbezüge. Menschliche Arbeit an der Gestaltung der Welt und in Verantwortung für die Schöpfung hat die Verheißung des neuen Himmels und der neuen Erde.

„Es wird eine neue Art von Besitz geben: Die Gottes Kinder sind, werden das Erdreich besitzen. Es wird eine neue Art von Lebens-

---

[21] *Eschatologie* ist die Lehre von den letzten Dingen.

gemeinschaft geben: Jesus erwartet, daß er mit den Seinen vom Gewächs des Weinstocks neu trinken wird in seines Vaters Reich. Es wird eine neue Form des Staatslebens kommen, ein Königreich Gottes, in das alle Völker aufgenommen sind. Auch die Volksindividualitäten sollen nicht nivelliert werden."[22]

Nach Heims Verständnis ist also der Einzelne mit seinem Schicksal organisches Glied am Ganzen der Weltwirklichkeit. Er hat damit am kosmischen Geschehen Anteil, das einen unumkehrbaren zielgerichteten Prozess darstellt. Dieser Prozess umfasst jeweils zwei elementare Stadien, die unmittelbar aufeinander bezogen sind: Tod und Auferstehung. Ziel ist keineswegs die Vernichtung, sondern die Vollendung der Schöpfung. Das bedeutet: Der Einzelne als einmaliges Individuum wird in der Auferstehung durch das Gericht des Todes hindurch neu ins Dasein gerufen. Zwischen der irdischen und der himmlischen Existenz besteht trotz aller Unterschiedenheit zwischen der alten und der neuen Schöpfung doch eine klare personale Identität. Ebenso wird durch das Endgericht, einer Art von kosmischem Tod, hindurch die alte Schöpfung neu geschaffen und dadurch vollendet. Für Heim besteht deshalb nicht nur zwischen dem irdischen und dem himmlischen Menschen, sondern auch zwischen Zeit und Ewigkeit, zwischen Innerweltlichkeit und Jenseitigkeit, zwischen Physik und Theologie ein Beziehungsverhältnis. Es handelt sich um die identifizierbare Anknüpfung des Neuen am Alten, aber dergestalt, dass sich das Neue nicht als eine Art Evolution aus dem Alten herausbildet, sondern dass das Alte durch den Zerbruch des Todes und des Gerichts hindurch neu geschaffen wird. Und da der Einzelne Glied am kosmischen Gesamtgeschehen ist, nimmt der Christ, der um diese universalen Dimensionen des Geschehens weiß, an der geschichtlichen Entwicklung der Welt mit größter Aufmerksamkeit teil. Sein individuelles Geschick ist davon betroffen, und er ist als Individuum für das Ganze mitverantwortlich. Es muss deshalb gegen alle Machtansprüche der Herren dieser Welt die endgültige Herrschaft Christi proklamiert werden, auch wenn dies bis in den politischen und wirtschaft-

---

[22] HEIM, „Tolstoi und Jesus", in: *Glaube und Leben*, Berlin ²1928, S. 312.

lichen Bereich hinein zu Konflikten zwischen der Christengemeinde und dem Staat führt. Heim legt in seiner Auslegung zu 1 Kor 15 einen heilsgeschichtlichen Ablauf der apokalyptischen Endereignisse vor. Zunächst hat die Neuschöpfung mit Christus begonnen. Sie wird durch die noch ausstehende Teilhabe der glaubenden Gemeinde an der Auferstehung gleichsam auf die Vorhut der neuen Welt ausgedehnt, um schließlich den gesamten Kosmos einzuschließen. Die Auferweckung des Christus, des zweiten Adam, der das Urbild der Vollendung ist, hat eine doppelte Perspektive. Sie umfasst sowohl das einzelne Individuum wie den Kosmos als Ganzen; die Ordnung des Reiches Gottes ist bestimmt von der Christuswirklichkeit. Über die künftige Struktur dieser aus der Polarität der alten Schöpfung erlösten Welt lässt sich inhaltlich nichts mehr aussagen. Heim grenzt zwar das mystische Heilsziel deutlich vom christlichen ab, weist aber jede Spekulation und jede rationale Definition über das *Wie* des Gottesreiches zurück:

> „Wenn es also heißt, daß Gott sein wird ‚alles in allem', so kann das nicht bedeuten, daß alle Gestaltungen aufhören und die Welt zurückkehrt ins ‚Weiselose', in die ‚stille Wüste der Gottheit' (Ekkehart). Denn mit dem allem wären wir gerade nicht über die polaren Verhältnisse dieser Welt hinausgekommen. Gegen dieses mystische Verständnis müssen wir also das, was die Schrift über die Weltvollendung sagt, klar abgrenzen."[23]

8.3 Christus durch den Heiligen Geist erfahren – wie man im Glauben gewiss wird

Im Blick auf die mögliche Gewissheit des Glaubens kommt der je aktuellen Glaubenserfahrung bei Heim jedoch ein mindestens ebenso großes Gewicht zu wie den „objektiven" Heilstatsachen, also Kreuz und Auferstehung, die wir im vergangenen Abschnitt erörtert haben.

---

[23] HEIM, *Jesus der Weltvollender*, S. 209.

Die philosophische Möglichkeit des Redens Gottes

Heim denkt über die Christusbeziehung des Einzelnen auf dem Hintergrund seiner Entdeckungen des *Ich-Du-Raumes* nach. Dabei ist ihm bewusst, dass es sich bei der Begegnung von Personen um nichtgegenständliche Wirklichkeiten handelt, deren Beziehungen sich nur paradox und uneigentlich definieren lassen. Personen, die als Bewusstseinsräume in sich unendliche Größen darstellen, begegnen sich im Wort. Das Wort unterscheidet sich vom Geräusch als einem physischen Vorgang durch den Akt des Redens und Hörens, in dem Individuen aneinander teilhaben, ohne sich auf der inhaltlichen, d. h. gegenständlichen Ebene zu begrenzen. Nun setzt aber die Begegnung einander zugeordneter gleichrangiger Räume, wie sie beispielsweise durch die Bewusstseinswelten von *Ich* und *Du* gebildet werden, die Einordnung in einen höher dimensionierten Raum voraus. Diesem sind die sich begegnenden Räume untergeordnet. Für die Begegnung zwischen Gott und Mensch stellt sich, bei Heim durch die Bezeichnung *polar* und *überpolar* umschrieben, in der Sache das klassische Problem von *Immanenz* und *Transzendenz*[24] bzw. die Frage nach der Möglichkeit von Offenbarung überhaupt:

> „Alles, was in der Sphäre der Diesseitigkeit auftritt, ist eben damit ein Teil dieser in sich geschlossenen Unendlichkeit geworden. Ist es dann überhaupt denkbar, ist es nicht von vornherein ausgeschlossen, daß sich innerhalb dieser innerweltlichen Unendlichkeit etwas kundtut, was nicht von dieser Welt ist?"[25]

UNMITTELBARE OFFENBARUNG ALS BEGEGNUNG DES ÜBERPOLAREN RAUMES MIT DEM POLAREN

Nun ist bereits das Verhältnis aufeinander bezogener *Ich-Du-Räume* so komplex, dass es sich einer präzisen und umfassenden Bestimmung entzieht. Dies gilt dann im absoluten Sinn hinsichtlich der überpolaren Welt Gottes und ihrer Beziehung zur polaren Welt des

---

[24] *Immanenz* und *Transzendenz* bezeichnen die Gegenüberstellung der innerweltlichen Wirklichkeit mit der Welt Gottes, die in der Bibel durch das Bildwort „Himmelreich" umschrieben wird.

[25] HEIM, *Jesus der Herr*, S. 161.

Menschen. Heim vermag auch in seiner Vorstellungs- und Sprachwelt nichts über das hinaus auszusagen, was die klassische Lehre von der Herablassung Gottes ins Offenbarungswort nicht schon immer betont hat. Gott hat sich durch sein Reden in die Polarität der Welt hineinbegeben. Er ist im Akt des Sprechens in den Konflikt mit sich widersprechenden und relativierenden Ansprüchen getreten. Erniedrigung Gottes bedeutet jedoch nicht nur Selbstdemütigung Gottes in die Widersprüchlichkeit menschlicher Kommunikationsstrukturen hinein, sondern umgekehrt auch für den Menschen die Einsicht, dass er als polares Wesen noch nicht einmal in der Begegnung mit Gott der polaren Daseinsform entfliehen kann.

Offenbarung bedeutet also nicht nur demütige Herablassung Gottes, sondern auch, dass der Menschen die unüberbrückbare Entfremdung zwischen dem *Ich* des Menschen und dem *Du* Gottes anerkennt.

Das Wirken des Geistes Gottes als Begegnung von polarem und überpolarem Raum

Seinsmäßig kann nur vom Akt des Redens als einer Begegnung personal strukturierter Räume gesprochen werden, wenn sich das Wort aus der Wortlosigkeit heraushebt. Reden ist eine Äußerung der polaren Seinsform. Es erfordert zu seiner Unterscheidbarkeit das Schweigen. Kommunikation ist ein vom Subjekt vollzogener Akt der Abgrenzung des Wortes aus dem vorfindlichen Schweigen. Gott nimmt im Vollzug seiner Selbstkundgabe die zur Kommunikation mit dem Menschen nötige Abgrenzung so vor, dass sich in der polaren Welt Reden und Schweigen Gottes unterscheiden lassen. Die Erfüllung dieser Aufgabe beschreibt Heim als die spezifische Funktion des Heiligen Geistes innerhalb der Trinität. Der Geist wählt in göttlicher Souveränität Teilbereiche der polaren Welt aus und macht diese dadurch zum Ort der Begegnung mit der überpolaren Welt Gottes; er handelt, indem er das Offenbarungshandeln Gottes vorherbestimmt: Ein beliebiges Land in der Polarität aller weltlichen Reiche wird durch die spezifische Auswahl

> **REDEN IST ABGRENZUNG DES WORTES VON DEM VORFINDLICHEN SCHWEIGEN.**

Gottes zu Gottes Land; ein Volk inmitten der Polarität der vielen Völker wird zu Gottes Volk; einer unter Milliarden von Menschen ist der Eine, zu dem Gott sagt: „Du bist mein Sohn, an dem ich Wohlgefallen habe" (Mt 3,17). Der Geist vollzieht in der Vieldeutigkeit der Welt die unableitbare Erwählung. Er handelt an der vorfindlichen irdischen Wirklichkeit so, dass diese mit der überpolaren Welt Gottes in Verbindung kommt und zum Ort der Offenbarung Gottes wird; die Ewigkeit berührt die Zeitlichkeit. An der bezeichneten Stelle begegnen sich Gott und Welt.

DER GEIST ERWÄHLT DEN ORT DER „DIMENSIONALEN BEGEGNUNG".

Da es sich aber nach Heims *Ontologie*[26] um keine inhaltliche Überschneidung von Wirklichkeiten handelt, sondern um die dimensionale Begegnung von in sich unendlichen Räumen, muss zur Wahrnehmung der Begegnung von polarem und überpolarem Raum zunächst die Erkenntnis des überpolaren Raumes erschlossen werden. Hier hängt die erwählende Aufgabe des Heiligen Geistes mit der das Verständnis für Gott eröffnenden zusammen:

„Die zweite Funktion des Geistes, die nur die andere Seite der einen göttlichen Tat ist, besteht darin, daß die Grenzlinie, die durch die souveräne Auswahl Gottes entsteht, denen sichtbar gemacht wird, mit denen Gott in Verbindung treten will. Der Inhalt, der hier abgegrenzt wird, liegt ja genau wie jeder andere, den wir wahrnehmen können, innerhalb des Weltraums, in den wir eingeschlossen sind. Er steht im raumzeitlichen Kausalzusammenhang der innerweltlichen Erfahrung. Niemand kann den ewigen Akzent sehen, der auf dieser einen Stelle der Zeit liegt, ‚ohne durch den Heiligen Geist'. Wem nicht der Geist die Augen öffnet, wem ‚die Augen gehalten sind', der vermag an dieser Stelle nichts zu sehen, was aus dem Rahmen des Ganzen herausfällt. Die Erscheinung steht für ihn im relativen Zusammenhang mit allen übrigen Ereignissen."[27]

---

[26] *Ontologie* analysiert als Lehre vom Sein die Gesamtwirklichkeit der Welt.

[27] HEIM, *Jesus der Herr*, S. 175f.

Selbstkundgebung Gottes im Medium der Schrift

Die Gestalt des Wortes Gottes steht als Offenbarung der überpolaren Welt den Strukturen der polaren Wirklichkeit gegenüber. In dieser Zweideutigkeit, deren Sinn sich nur in einem doppelten Erkenntnisakt erschließt, müssen die beiden Seiten der Realität, die irdische und die göttliche, als Einheit begriffen werden. Es gilt, den innerweltlichen und den jenseitigen Aspekt des Geschehens mit den je unterschiedlichen Möglichkeiten der Erkenntnis wahrzunehmen. Dabei darf die umfassende Einheit der Selbstkundgebung Gottes nicht verloren gehen, wenngleich diese in die Widersprüche der vorfindlichen Welt hinein verwoben ist. Hinter dieser Hermeneutik[28] steht die Struktur der Zwei-Naturen-Lehre[29], die Heim nicht nur auf das fleisch-, sondern auch auf das schriftgewordene Gotteswort anwendet:

„Dies Leiden unter dem Zwiespalt zwischen seiner ewigen Bedeutung und seiner zeitlichen Gestalt darf uns also auch nicht erspart bleiben, wenn wir durch das Medium der Schrift mit ihm umgehen. Auch die Schrift gehört als eine der kritischen Durchforschung ausgesetzte Geschichtsquelle zu seiner Knechtsgestalt, in der wir ihn im Glauben dennoch als den Herrn erkennen. Dies geschieht, so oft uns das in der Schrift in zeitlicher Form Gesagte mit der Wucht der Ewigkeit ins Gewissen trifft, also zu einem Wort des ewigen Lebens wird, von dem wir in diesem Augenblick leben können."[30]

In ihrer Zielsetzung ist die Offenbarung auf das Heil des Menschen bezogen. Ihre Erscheinungsweise wird von der doppelten Natur Christi als dem wahren Gott und wahren Menschen bestimmt. Sie ist gleichzeitig Äußerung des göttlichen Gerichts und der göttlichen Gnade. Des Ge-

---

[28] *Hermeneutik* ist in der Philosophie und Theologie die Lehre vom Verstehen.

[29] Unter der *Zwei-Naturen-Lehre* versteht man seit der Zeit der Alten Kirche die Tatsache, dass in der Person Jesu die göttliche und die menschliche Natur vereint ist.

[30] HEIM, *Leitfaden der Dogmatik. Zum Gebrauch bei akademischen Vorlesungen*, Bd. I, Halle/Sa. ³1923, S. 59.

richts, weil die Vermittlung der Gottesbegegnung im Horizont polarer Strukturen (Menschwerdung, Schrift etc.) die menschliche Hoffnung auf eine mögliche Gottesunmittelbarkeit zunichte macht und das religiöse Selbstbewusstsein demütigt. Sie ist aber auch Gnade, da sich Gott auf die Ebene der irdischen Polarität mit ihren Widersprüchen herablässt, um mit dem Menschen zu dessen Heil zu kommunizieren.

Das Verständnis Gottes, das der Heilige Geist durch die Schrift erschließt, reicht also weit über die informative Kenntnis einer neuen Raumdimension, die die polare Welt aufsprengt, hinaus. Es geht vielmehr um ein Handeln, das die ganze Existenz erfasst, ein Hungern nach dem rettenden und heilenden Wort. Charakteristisch ist für Heim, dass er seine Lehre vom schriftgewordenen Wort Gottes in enger Verbindung zur tatsächlichen Erfahrung von Menschen mit der Bibel beschreibt. Das persönliche Glaubenszeugnis hat in seiner Theologie eine die göttliche Wahrheit bestätigende Bedeutung. Für den Bereich des japanischen Buddhismus steht auch hier, stellvertretend und exemplarisch für die vom Wort der Schrift bestimmte Gotteserfahrung, Kokichi Kurosaki. Gerade die kulturelle Distanz des Japaners zur christlichen Bibel ist nach Heim von theologischer Bedeutung. Kurosaki erfasst die Schrift „als ein Buch von überwältigender Einheitlichkeit", und dies nicht, weil es ihm im Unterschied zu europäischen Theologen an wissenschaftlichen Kenntnissen bezüglich historischer Fragen fehlt, sondern weil er sich in existenzieller Hingabe der Schrift öffnet. Den europäischen Christen hält Heim als Grund für ihre mangelnde geistliche Erfahrung vor: „Nein, es kann nur daher kommen, weil wir uns nicht gehorsam genug von ganzem Herzen unter das gebeugt haben, was der Geist Gottes uns durch dieses Buch sagen will."[31] Die Schrift stellt als erwählter Ort der Gottesbegegnung den Raum dar, in dem sich die Gotteserkenntnis als Ganzes entfalten kann.

Die Zugänge zu diesem auf die polare Gestalt der Bibel bezogenen Raum der Gotteserkenntnis sind für Menschen unterschiedlicher Kultur

AUCH IN DER SCHRIFT LÄSST SICH GOTT AUS SEINEM ÜBERPOLAREN RAUM IN DIE POLARE REALITÄT HERAB.

---

[31] HEIM, *Ich gedenke der vorigen Zeiten*, S. 208.

verschieden. Im Blick auf die asiatischen Hochreligionen vertritt Heim missionstheologisch die Auffassung, dass das „synoptische[32] Heilandsbild" ... „nur das eine Tor (ist), durch das die Menschen in Verbindung mit dem lebendigen Christus kommen."

„Der Hindu, dessen Lebensbuch die Bhagavad-Gita ist, mag er strenger Brahmane oder Buddhist oder Theosoph sein, fühlt sich vom Johannesevangelium verstanden und von Klängen berührt, die seinem eigenen Wesen verwandt sind. Die Tür zu Christus geht dem Hindu auf, wenn ihm bezeugt wird, Jesus ist als der Bote aus der Lichtwelt in diese Welt der Finsternis hereingetreten. Er steht in dauernder, zeitloser Verbindung mit Gott. Er ist der, der im Himmel ist (Joh 3,13). Er ruht von Ewigkeit her am Busen des Vaters (Joh 1,18). Alle seine Taten und Wunder sind nur Darstellungen dieses Wesensgeheimnisses. Er stillt unsere Sehnsucht nach Überwindung der Vergänglichkeit und Teilnahme am göttlichen Leben."[33]

Die Schnittlinie der Begegnung zwischen der kulturell und religiös verschieden geformten polaren Welt und dem überpolaren Raum Gottes verläuft demnach unterschiedlich. Das Wort als Stätte der Begegnung muss vielgestaltig sein, um die Vielen zu der einen Wahrheit hinzuführen. Die Einheit der Schrift vernimmt im Vollsinn erst der, der bereits zum Glauben gekommen ist.

„Führung" als zentrales Widerfahrnis christlicher Existenz

Auf diesem Hintergrund der weithin traditionellen Lehre von der Herablassung Gottes und der Bedeutung des geschriebenen Gotteswortes

---

[32] Die ersten drei Evangelien werden im Unterschied zum Johannesevangelium die *synoptischen Evangelien* genannt.

[33] HEIM, „Die Botschaft des Neuen Testaments an die Heidenwelt", in: *Glaube und Leben,* Berlin [2]1928, S. 753.

bringt Heim nun einen auf das Werk des Heiligen Geistes bezogenen Begriff in die Diskussion, der deutlich aus dem Denkmuster der klassischen Dogmatik herausfällt. Heim macht die „Führung" durch Gott zum zentralen Gegenstand christlicher Existenz und Theologie. Das Buch „Jesus der Herr" kreist letztlich insgesamt um die Thematik, ob und wie Führung des Einzelnen durch den auferstandenen Christus möglich sei. Heim leitet die Entstehung der christlichen Gemeinde aus der Tatsache ab, dass sich eine wachsende Zahl von Menschen bewusst unter die Führung Jesu gestellt und auf diese Weise zur Gewissheit des Glaubens gefunden habe. Der Konvergenzpunkt aller neutestamentlichen Schriften zielt nach Heim auf den Verzicht der Selbstbestimmung und die Bereitschaft, sich in allen Lebenslagen von Christus unmittelbar beherrschen zu lassen.

„Sie wissen sich als Glieder an seinem Leibe. Ihre Bewegungen sind also so von ihm geleitet, wie die Handbewegungen oder die Schritte, die ein Menschenkörper macht, vom Willen dieses Menschen geleitet sind. Sie sterben ‚mit ihm' und werden ‚mit ihm' wieder lebendig gemacht, um dann ‚bei ihm' zu sein allezeit."[34]

Nach Heims Auffassung entstehen die Probleme, die kritische Theologen mit der Tatsache der Führung durch Christus haben, durch ein Missverständnis. Solange man die Begegnung zwischen *Ich* und *Du* vom physischen Zusammentreffen zweier Personen abhängig macht, die sich als Zeitgenossen gegenüberstehen, ist Führung durch Christus undenkbar. Wem aber bereits auf der polaren Ebene die Welt des *Ich-Du-Raumes* erschlossen ist, der weiß um die Nichtgegenständlichkeit der Person. Die räumliche Verbindung zwischen Körpern und ihr zeitliches Miteinander sind für das Verständnis geistiger Kommunikation keine Voraussetzung. In einer für ihn typischen Form weist Heim auf den existenziellen Bezug von Personen hin, die beispielsweise im Wort eines Briefes Gemeinschaft finden, obwohl sie durch Erdteile geografisch voneinander getrennt sind. Ebenso können Gestalten der Geistesgeschichte, die von ihren Zeitgenossen gründlich missverstanden wurden, in spä-

---

[34] Heim, *Jesus der Herr,* S. 53.

teren Jahrhunderten viel tiefer in ihren Anliegen aufgenommen und als Person verstanden werden. Dass
diese Beispiele nur eine bildhafte Annäherung be-
deuten an das, was die Christusbeziehung darstellt,
betont Heim ausdrücklich. Denn die literarische Begegnung ist eine nur indirekt vermittelte.

GEISTIGE KOMMU-
NIKATION JENSEITS
VON RÄUMLICHER
VERBINDUNG UND
ZEITLICHEM MIT-
EINANDER

„Mit dem allem sind wir natürlich noch nicht
bei der lebendigen Zwiesprache zwischen Ich und Du, wie sie
Paulus nach 2 Kor 12 mit dem Kyrios über den Pfahl in seinem
Fleisch geführt hat. Aber so viel hat sich gezeigt: Die Du-Bezie-
hung ist nicht von den gegenständlichen Verhältnissen abhängig,
an die wir innerhalb des raumzeitlichen Kontinuums gebunden
sind. In ihr ist uns eine neue Dimension erschlossen. Was innerhalb dieser Dimension möglich ist, das können wir von der Gegenstandswelt aus nicht übersehen. Aber wir müssen für neue
Möglichkeiten offen sein, die alle gegenständlichen Schranken
durchbrechen. Der überpolare Raum, der die Beziehung zwischen
Ich und Du herstellt, ist ja für uns völlig undurchschaubar, da unsere Anschauung ganz auf die gegenständliche Welt beschränkt
ist, die wir sehen und betasten können."[35]

Von der Ich-Es- zur endzeitlichen Ich-Du-Beziehung

Mit dem Hinweis auf die gegenwärtige *Ich-Du*-Beziehung zwischen
Christus und seinen Nachfolgern verbinden sich für Heim wesentliche
Konsequenzen, die durch den religionsgeschichtlichen Vergleich profiliert zutage treten. Das Verhältnis der großen Religionsstifter bzw. Philosophen zu ihren Anhängern vollzieht sich auf der *Ich-Es-Ebene*. Die
geistigen Führer der Menschheit wirken durch ihr traditionsbildendes
Erbe in Form moralischer Codices, philosophischer Systeme, religiöser
Anweisungen etc. Selbst die alttestamentliche Gottesoffenbarung wird
durch die *Ich-Es-Struktur* bestimmt. Die entscheidende Veränderung

---

[35] HEIM, *Jesus der Herr*, S. 206f.

hat mit Christus als der heilsgeschichtlichen Zeitenwende eingesetzt. Exegetisch verweist Heim auf das Vorwort des Hebräerbriefes, das er mehrfach zitiert und das er mit der Selbstaussage des erhöhten Christus in Offb 19,13 verbindet. Die alttestamentliche Gottesrede durch die Propheten ist kodifizierte, d. h. in Schriftform überlieferte Rede, zu der ein späterer Hörer in historischer Distanz steht, während in Christus das persönlich anredende Wort Gottes gegenwärtig ist.

ÜBERLIEFERTE RELIGIONEN REDEN AUF DER ICH-ES-EBENE, WÄHREND CHRISTUS EINE DIREKTE ICH-DU-BE-ZIEHUNG SCHAFFT.

Nach Heim spiegelt sich die endzeitliche Wende von der literarischen *Ich-Es-Vermittlung* zur persönlichen *Ich-Du-Beziehung* in der Eigenart der neutestamentlichen Überlieferung. Die Autoren versuchen keine exakte historische Aufzeichnung der Jesusgeschichte oder eine möglichst vollständige Sammlung seiner Reden, sondern haben sich nur mühsam zur schriftlichen Fixierung der apostolischen Überlieferung in den Evangelien bewegen lassen. Die dabei entstandene neue literarische Gattung „Evangelium" lässt den Leser etwas von der unmittelbaren Rettungsabsicht der urchristlichen Autoren ahnen. Nicht die wissenschaftliche Distanz des Historikers, sondern die auf das Heil bezogene Leidenschaft des Evangelisten war hier federführend. Der freie Umgang mit den Quellen beruht nach Heims Überzeugung auf der unerschütterlichen Gewissheit der ersten Christen von der Auferstehung und Gegenwart Christi. In verwegenem Vertrauen setzten sie auf die Hoffnung, dass sich der Erhöhte zu jeder Zeit und an jedem Ort als der Lebendige erweisen wird, indem er situationsbezogen je neu redet und dadurch seine Vollmacht zur Führung von Menschen ausübt. Führung bezeichnet als theologischer Grundbegriff bei Heim die aktuelle Weisung durch Christus. Die christliche Existenz lebt aus der ständigen spirituellen Erfahrung des gegenwärtigen Christus. Die Schrift hat in diesem geistlichen Vorgang der Führungen eigentlich nur die Bedeutung einer vorbereitenden Hinführung zu Christus:

„Wenn die Leser in die Stellung des Glaubensgehorsams Christus gegenüber hineingeführt sind, dann ist der Zweck der Berichterstattung erfüllt. Sie sind selbst an der Quelle. Christus kann das begonnene Zwiegespräch mit ihnen selbst fortsetzen und wird alles übrige tun, was notwendig ist, daß sie das Leben haben. Das Christuszeugnis der Apostel ist also bis in die Form ihrer Erzählung und Berichterstattung hinein getragen von dem grenzenlosen Vertrauen auf die übermächtige Wirklichkeit des Geistes, der, seit er auf Christus ruht, jeden, der die Bereitschaft dazu hat, in eine tatsächliche Verbindung mit ihm zu bringen vermag und ihm die Ohren aufschließt für das, was der Geist der Gemeinde sagt."[36]

Damit bleibt die Bedeutung und Gültigkeit des äußeren in Buchstaben abgefassten Schriftwortes zwar bestehen, aber es bildet im Blick auf die dann erfolgende geistliche Führung durch Christus selbst nur den „Ausgangspunkt"[37]. Deutlich stellt Heim dieses Schriftverständnis auch in seinem Beitrag „DIE DOGMATISCHE GRUNDLAGE DES ERWECKLICHEN ZEUGNISSES IN PIETISMUS UND THEOLOGIE"[38] heraus. Man mag im Sinne der katholischen Tradition und der altlutherischen Orthodoxie für die Glaubwürdigkeit der Bibel vielfältige Gründe

> **EVANGELIUM: BEGEGNUNG AUF DER ICH-DU-EBENE**

nennen, zur Gewissheit des Glaubens führt letztlich ausschließlich das innere Zeugnis des Heiligen Geistes. Die aktuelle Mitteilung Christi durch den Geist muss mit dem historischen, d. h. kanonischen[39] Jesuswort übereinstimmen, aber dieses bedarf der Weiterführung in der je neuen Situation. Für das Verhältnis von Schrift und Geist bedeutet dies, dass der Geist zwar nicht an der Schrift vorbei, wohl aber über sie hinausführt.

Die von Heim vertretene Verbindung der Wirksamkeit Christi mit der des Heiligen Geistes im Ereignis der unmittelbaren Führung durch Christus bzw. der Leitung durch den Heiligen Geist macht die Frage

---

[36] HEIM, *Jesus der Herr*, S. 198.
[37] HEIM, *Jesus der Herr*, S. 198.
[38] *Pietismus und Theologie. Beiträge zu ihrer Verständigung*, hrsg. von O. SCHMITZ, Neukirchen 1956, S. 31-38.
[39] Als *kanonisch* bezeichnet man die Schriften, die im Alten bzw. Neuen Testament gesammelt sind.

unausweichlich, ob er damit nicht genau zu dem Mystizismus kommt, den er so energisch ablehnt. Heim ist sich des Problems bewusst, wenn er kritische Einwände der Religionswissenschaft aufnimmt, die von ihrem skeptisch distanzierten Standpunkt aus vor einer Berufung auf „Führungen" und besondere religiöse Erlebnisse warnen. Heim weist jedoch auf die Haltung des Paulus hin, um dieser Skepsis zu begegnen und seine Position theologisch zu rechtfertigen:

> „Aber gerade wenn wir uns auf diesen skeptischen Zuschauerstandpunkt stellen, berührt es uns um so merkwürdiger, daß ein Mann wie Paulus durch die traurigen Erfahrungen, die er mit den Schwärmern in seinen Gemeinden fortwährend machte, nicht einen Augenblick in seinem Vertrauen auf die Wirklichkeit der pneumatischen Führung durch Christus erschüttert wurde. Wie leicht hätte er sich den Kampf gegen die Schwärmer in Korinth machen können, wenn er jede Geistesleitung von vorneherein als krankhafte Verirrung abgelehnt hätte! Aber alle unechten Nachahmungen der Inspiration machten ihn nicht irre in dem Glauben, daß es eine echte Führung tatsächlich gibt."[40]

Um den Unterschied der sich nahelegenden religionsgeschichtlichen Parallelen zwischen Christentum und hellenistischen Mysterienreligionen herauszuarbeiten, beruft sich Heim auf die neutestamentliche Formel „in Christus" und ihre theologische sowie ontologische Bedeutung. Durch die polare Daseinsform von Raum und Zeit ist das menschliche Ich in seinen Entfaltungsmöglichkeiten auf sich selbst zurückgeworfen und unterscheidet sich darin grundlegend von Christus. Christus befindet sich durch die Auferstehung schon im Zustand der Vollendung bzw. Neuschöpfung und lebt in dem überpolaren Raum Gottes. Die Aufhebung der Polarität beinhaltet die Teilhabe an der überpolaren Allgegenwart Gottes. Während der irdische Mensch durch sein *Ich* gleichzeitig notwendig jedes *Du* aus- und abgrenzt, ist der Auferstandene jedem *Ich* un-

GOTTESUNMITTEL-
BARKEIT IM
MYSTIZISMUS:
AUFHEBUNG DER
PERSONALITÄT

---

[40] HEIM, *Jesus der Herr*, S. 199.

eingeschränkt nahe. Im polaren Raum kann niemals eine Person eine andere in sich aufnehmen, wohl aber kann Christus in seiner überpolaren Personalität unzähligen polaren Personen umfassend einwohnen und in ihnen wirksam sein. Der theologische Unterschied zwischen Christentum und Mystizismus besteht demnach darin, dass der Mystizismus die Gottesunmittelbarkeit allgemein und von der Natur des Menschen her begründet. Die neutestamentliche Umschreibung der Christusgemeinschaft als „in Christus sein" ist im Unterschied dazu ausschließlich auf die Persongemeinschaft mit dem Auferstandenen gegründet. Die personale Selbständigkeit wird durch das „In Christus" gerade nicht mystisch aufgehoben; die Eigenverantwortung bleibt im Sinne personaler Verantwortung gewahrt.

„Kein Apostel hat gesagt: Mein Ich ist erloschen; ich bin mit Christus in eins verschmolzen, wie der Strom ins Meer ausmündet und in ihm Namen und Gestalt verliert. Diese mystische Selbstauflösung, wie sie in den östlichen Erlösungsreligionen vorkommt, liegt der Urgemeinde fern. Paulus verliert sein Ich nie in Christus. Er steht seinem Herrn immer als verantwortliche Person gegenüber, die von ihm zur Rechenschaft gezogen wird."[41]

Durch den Heiligen Geist ist der erhöhte Christus in seinem irdischen Leib, der Kirche, präsent. Er spricht in Form von Führungen unmittelbar zu jedem seiner Glieder. Die Augen- und Ohrenzeugen, die mit dem irdischen Jesus lebten, haben vor allen späteren Gliedern des Christusleibes nur einen relativen, zeitlichen Vorsprung. Die Begegnung mit Gott durch Christus geschieht durch die Wirkung des Geistes und ereignet sich im Wort. Das Wort ermöglicht einen Dialog mit Gott, der dadurch, dass Gott mit dem Menschen redet, die Dimension der Neuschöpfung eröffnet. Das wird eindrücklich an der Art und Weise, wie Heim die Frage nach der Unsterblichkeit des Menschen modifiziert aufnimmt. Er hat zwar den idealistischen Traum von der Unsterblichkeit des Menschen als unbegründete Spekulation zurückgewiesen. Aber er bestimmt mit Luther im Sinne ei-

PERSONALE BEGEGNUNG IM DIALOG MIT GOTT

---

[41] HEIM, *Jesus der Weltvollender*, S. 231.

nes dialogischen Verständnisses das sachliche Anliegen der Unsterblichkeit neu und begründet es streng theologisch von Gottes Reden her:

> „Luther hat darum in einer berühmten Stelle seines Kommentars zur Genesis die Ewigkeit des Menschen nur auf diese eine Grundlage gestellt, indem er sagt: ‚Wer mit oder mit wem Gott redet, es sei im Zorn oder in Gnade, der ist wahrhaft unsterblich. Die Person des redenden Gottes und das Wort deuten an, daß wir solche Kreaturen sind, mit denen Gott bis in Ewigkeit und in unsterblicher Weise reden will.‘“[42]

Es ist ausschließlich die Macht des schöpferisch redenden Gottes, die den angeredeten Menschen aus dem Tod ins Leben ruft.

Das Erleben der Jenseitigkeit Gottes im Gebet

Heims theologische Lehre vom Gespräch zwischen Gott und Mensch zielt darauf, zur Christusbegegnung zu ermutigen. Zwischen dem erhöhten Herrn und dem glaubenden Menschen soll das Wort, das der Geist vermittelt, von beiden Seiten eine existenzielle Begegnung herbeiführen. Der gegenwärtige Christus greift durch konkrete Führungen ins Leben seiner Nachfolger ein, der Jünger antwortet seinerseits im Gebet. Das Gebet ist ein Grundanliegen der Heimschen Theologie, nicht nur im Sinne einer praktischen Lebensäußerung christlicher Frömmigkeit. Das Gebet ist nach Heim vor allem eine Besonderheit des christlichen Glaubens, die auch im Sinne einer dogmatischen Erkenntnis- und Seinslehre bedacht werden muss. Heim leitet das eigentlich theologische Kapitel seiner Fundamentaltheologie „GLAUBE UND DENKEN" durch einen Abschnitt mit der bezeichnenden Überschrift „Das Erleben der Jenseitigkeit Gottes im Gebet" ein.[43] Im Gebet erfährt der Mensch die unmittelbare Realität und Nähe des göttlichen *Du*.

---

[42] HEIM, *Weltschöpfung und Weltende*, S. 98. Vgl. Luthers „Auslegung des ersten Buches Mose" zu Gen 26,25 (W2 II, 218f). Heim hat das Lutherzitat gekürzt und sprachlich modernisiert.

[43] HEIM, *Glaube und Denken*, S. 176-183.

Wie sehr die individuelle Frömmigkeit sowohl im Blick auf die Wirklichkeit wie auch hinsichtlich der Erkenntnis von universaler Bedeutung ist, macht Heim an dieser zentralen Stelle seines Werkes deutlich.

IM GEBET ERFÄHRT DER MENSCH DIE UNMITTELBARE REALITÄT UND NÄHE DES GÖTTLICHEN DU.

Die Verbindung von Spiritualität, Erkenntnistheorie und Seinslehre hat Heim in diesem spezifischen Zusammenhang bereits 1925 in seinem Aufsatz „DAS GEBET ALS PHILOSOPHISCHES PROBLEM" erörtert. Dieser Beitrag liegt als erster und umfassendster zum Thema deshalb der folgenden Darstellung zugrunde.[44] Heim setzt mit der für ihn typischen Problematik ein. Das nichtgegenständliche *Ich* kommt vor allem durch das Widerfahrnis des Leidens zu sich selbst, erlebt sich als ein auf sich selbst geworfenes, einsames Dasein, das seiner konkreten und geschichtlichen Existenz nicht entrinnen kann. Der Mensch schreit in der *Ich*-Einsamkeit nach einem verstehenden und antwortenden *Du*. Das Wort ist eine aus der Not des *Ich* geborene Suchbewegung auf ein *Du* zu. Bei dieser Suche erkennt sich das *Ich* als ein eingekerkertes Wesen, das wie durch eine unüberwindliche Zellenwand vom *Du* abgetrennt ist. Die Mauer kann bildlich gesprochen nur von oben her durchbrochen werden. Der Beter erlebt Gott als universales *Ich*, das überpolar zu jedem eingeschlossenen menschlichen *Ich* direkt Zugang hat. Gott ist jedem *Ich* unendlich nahe und ermöglicht erst dadurch die Kommunikation der Menschen untereinander. Das Wesen wahrer Gemeinschaft und gelingender Verständigung erschließt sich nur dem Betenden, da es ohne Gott keine wirkliche Begegnung von *Ich* und *Du* geben kann.

Aber der Mensch ist ohne *Du* nicht nur in sich selbst gefangen, sondern auch haltlos. Das *Ich* braucht ein *Du*, um nicht in bodenlose Tiefe abzustürzen. Da aber jedes menschliche *Ich* selbst nach Halt sucht, kann es für kein anderes menschliches *Ich* im absoluten Sinne Halt sein. Die Haltlosen, die sich verzweifelt aneinanderklammern, stürzen wie die Verdammten in *Peter Paul Rubens* Gemälde „Das Jüngste Gericht" in die Tiefe. Nur das *Ich*, das in Gott seinen ewigen Halt durch das Gebet

[44] HEIM, „Das Gebet als philosophisches Problem", in: *Glaube und Leben*, Berlin ²1928, S. 510-538.

gefunden hat, kann einem anderen *Ich* zum stützenden *Du* werden. Einsamkeit und Haltlosigkeit sind somit zwei grundlegende Eigenschaften, die den Menschen nötigen, alle Regungen seines geistigen Lebens auf Anrede hin zu entwerfen. Jede Äußerung des *Ich*, die der Ausweglosigkeit von Einsamkeit und Haltlosigkeit zu entrinnen sucht, zielt bewusst oder unbewusst auf den Vollzug des Gebets. Das Gebet ist deshalb keine Randerscheinung innerhalb menschlicher Kulturen, sondern verweist auf eine universale Bezogenheit des zur Sprache fähigen Menschen hin:

„Unser ganzes menschliches Geistesleben ist im letzten Grunde Gebet. Wir beten ohne Unterlaß. Denn wir haben ja gesehen: das Ich, diese geheimnisvolle letzte Wirklichkeit, tut sich kund in einem Sprechen. Sein Leben ist ein Sprechen, ein ununterbrochenes Sprechen, das niemals aufhört, auch im Traum nicht, das unser ganzes Dasein, auch unsere vegetativen Funktionen und tierischen Regungen, unser ganzes Handeln und Leiden, wie eine fortwährende hohe Musik begleitet. Das Sprechen ist aber immer, wenigstens in Gedanken, auf einen bezogen, der zuhört und versteht. Sonst verliert es seinen Sinn. Nun kann uns aber nur Gott verstehen. Menschen nur dann, wenn sie vorübergehend Medien Gottes sind. Also ist in jedem Gedanken, den wir denken, wir mögen philosophieren oder dichten, wir mögen rechnen oder Naturgesetze aussprechen oder Geschichte schreiben, Gott angesprochen."[45]

Ob der menschlichen Frage, die sich im Gebet artikuliert, auch eine Antwort entspricht, die sich in der Realität erweist, lässt sich mit den Erkenntnismöglichkeiten des Menschen jedoch nicht entscheiden. Die Gewissheit, dass Gott ist und Gebet erhört, gründet Heim auf Gottes offenbares *Du*, auf Jesus Christus. Christus ist das universale, immer und überall präsente *Ich* Gottes, an das sich Menschen in ihrer *Ich*-Isolation wenden können. Christus ist ferner das *Du*, das völlig in Gott ruht. Jedes *Ich*, das sich an ihn hält, wird von ihm ewig über den Abgrund

---

[45] HEIM, „Das Gebet als philosophisches Problem", S. 520f.

gehalten. Im Gebet wird dem Beter die Gewissheit des hörenden und redenden Gottes geschenkt. Er versteht „das merkwürdige Wort, das ein Beter unserer Tage, *Sadhu Sundar Singh*, gesagt hat: ‚Alle tieferen Erkenntnisse der Wirklichkeit habe ich im Gebet gemacht.'"[46]

Gehorsam als menschliche Antwort auf das Wort Gottes

Das Gebet ist die eine Seite der menschlichen Antwort auf das Wort Gottes, der persönliche, hier und heute vollzogene *Gehorsam* die andere. Heim arbeitet mit dem Hinweis auf den Gehorsam des Glaubens einen weiteren grundlegenden Unterschied zwischen Jesus und historisch bedeutenden Religionsstiftern bzw. Philosophen heraus. Auch in dieser Hinsicht ist nochmals an Heims *Ich-Du-Es-Ontologie* zu erinnern. Die geistige Leistung großer Führer der Menschheit wird nach deren Tod schriftlich gesammelt; das dynamische Wort erstarrt damit zur Literatur. Der so bewahrte Nachlass steht den Spätergeborenen zur freien Verfügung. Das Wort, das in seinem dynamischen Urzustand vom Willen einander gegenüberstehender *Ich's* beherrscht wurde, wird nun zum statischen Faktor, zum *Es*. Die Begegnung von *Ich* und *Du* im lebendigen Wortgeschehen wird zur bloßen Wirkungsgeschichte des Wortes. Da es sich um ein ursprünglich personales Ereignis handelt, kann von dem literarisch objektivierten Wort zwar auch noch eine geistige Dynamik ausgehen, aber die Struktur und Art dieser Begegnung findet nur noch im Innenraum des *Ich* statt. An die Stelle des Kampfes zwischen zwei subjektiven Willen, die um die Gestaltung der Gegenwart miteinander ringen, tritt nun das lediglich empfangende Subjekt. Es übernimmt das vom *Du* herkommende Wort, das zum *Es* geworden ist, in freier Verfügung in seinen eigenen Bewusstseinsraum. Ob dieses zum *Es* erstarrte Kulturdenkmal in Gestalt von philosophischen Entwürfen, moralischen Anweisungen, staatsphilosophischen Gesetzestexten, religiösen Heilswegen etc. vorliegt, ist dabei für das freie *Ich* zweitrangig.

---

[46] HEIM, „Das Gebet als philosophisches Problem", S. 538.

Der gegenwärtig wollende und wirkende Christus lässt sich demgegenüber nicht in ein objektivierbares *Es-Schema* verbannen, über das der Mensch verfügt. Als der auferstandene Herr stellt er vielmehr einen souveränen Anspruch an jede neue Generation.

„Wenn Christus ein Lebendiger ist, der noch im Handeln begriffen ist, so hat es gar keinen Sinn, von einer Ethik Jesu zu sprechen, die sich in irgendeiner Formel zusammenfassen läßt, zu der wir dann Stellung nehmen, die wir uns aneignen oder als nicht artgemäß ablehnen können. Wenn wir das tun, haben wir ihn als einen Toten behandelt ... Vielleicht ist das Erdenleben Jesu nur der allererste Anfang der Durchführung eines Jahrtausende umfassenden Plans."[47]

Alle literarische Jesusüberlieferung hat nach Heim nur die bedingte Aufgabe, den ersten Zugang zu dem heute Gehorsam fordernden Christus zu eröffnen. Ist eine unmittelbare Begegnung zwischen Jesus und seinen Nachfolgern durch die Gegenwart des Geistes vollzogen, so ist auch das literarische Wort der Bibel kein *Es* mehr, sondern ein sich in je neuen aktuellen Führungen erweisendes, hier und jetzt stattfindendes Christusverhältnis. In diesem Verhältnis erwartet der Erhöhte ungeteiltes Vertrauen und ganze Hingabe an seine Person. Dass eben diese unmittelbare Bindung an einen gegenwärtigen Herrn den menschlichen Stolz auf eigenmächtige Lebensführung tief verletzt, wurde schon gesagt und ist vom Menschen her durchaus verständlich. Jede Philosophie, aber auch jede gesetzliche Religion wird einer solchen unverfügbaren personalen Bindung widersprechen. Denn jedes fixierte religiöse Gesetz lässt dem, der es als toten Buchstaben handhaben kann, genügend Lücken, den eigenen Willen auch gegen den ursprünglichen Gesetzgeber durchzusetzen.

„Dieses Leben unter der ununterbrochenen Führung eines Lebendigen ist eine viel stärkere Bindung und eine viel umfassendere, in alle Einzelheiten des Lebens hineinreichende Abhängigkeit, als es irgendeine Verpflichtung auf eine Lebensanschauung

---

[47] HEIM, *Jesus der Weltvollender*, S. 233.

oder eine Staatsverfassung oder ein Parteiprogramm sein könnte. Der Zusammenschluss mit dem unsichtbaren Herrn ist der völlige Verzicht auf jede Selbstführung."[48]

Heim veranschaulicht seine Verhältnisbestimmung von geschriebenem Gesetz und lebendiger Nachfolge an dem Bibelabschnitt vom sogenannten „Reichen Jüngling" (Mk 10,17-27). Auf die Frage nach den Bedingungen zum Eintritt in das Reich Gottes verweist Jesus zunächst auf die Zehn Gebote als Grundordnung Israels. Aber das Ziel, die Vollkommenheit in der Gottesgemeinschaft, ist erst durch die kompromisslose Bindung an seine Person zu finden.

Diese innerste Verpflichtung, die über jedes andere moralische oder religiöse Gesetz hinausgeht, ist dennoch im Gegensatz zum Gesetz die wahre Freiheit des Menschen. Da alles Sein in Christus begründet ist und er den Sinn der Schöpfung erschließt, kommt Christus, wenn er durch den Geist von einem Menschen Besitz ergreift, „in sein Eigentum" (Joh 1,11). Die Christusbeziehung sprengt damit die Alternativen von ethischer Abhängigkeit (*Heteronomie*) und Unabhängigkeit (*Autonomie*), indem sie dem Menschen an einem völlig andersartigen überpolaren Raum der Freiheit Teil gibt.

„Wer nur einmal in seinem Leben in der Gewißheit gehandelt oder geredet hat: ‚Gott will es', der weiß: Gottes Wille verhält sich dabei nicht so zu unserem Willen, wie sich auf der innerweltlichen Ebene andere Willen zu meinem eigenen Willen verhalten. Gott zwingt und knechtet nicht von außen, er übt keinen Druck auf mich aus, wie das bei allen Willensmächten der Fall ist, die im polaren Spannungsverhältnis zu mir stehen. Wenn ich in göttlicher Legitimation handle, handle ich vielmehr in innerster Freiwilligkeit. *Servitium dei est summa libertas.* (Der Dienst für Gott ist die höchste Freiheit.) Mein Wille ruht in Gottes Auftrag wie in seinem Urelement. Alle Verkrampfungen und Zwangsverhältnisse lösen sich, sobald das heilige Müssen über mich gekommen ist. Das kommt daher, weil Gott die

---

[48] HEIM, *Jesus der Herr*, S. 238; vgl. auch S. 202f.

überpolare Urwirklichkeit ist, in der ich mit meinem wahren Sein bin."[49]

DER DIENST FÜR GOTT IST DIE HÖCHSTE FREIHEIT. Ein souveräner Herr, der als überpolares *Ich* wollend und handelnd sich durchsetzt, ist prinzipiell unüberwindlich. Dem Christenverfolger Saulus, der meinte, eine Sekte ausrotten zu müssen, und der glaubte, er habe es nur mit Menschen zu tun, stellt sich Christus als ewiges *Du* in den Weg und macht ihn zu seinem Nachfolger. Für Heim, der seine Theologie entscheidend vom biografischen Widerfahrnis der Bekehrung ableitet, ist Paulus, der Apostel der Rechtfertigung, deshalb ein wesentliches und grundlegendes Beispiel. An Paulus lässt sich theologisch die Verankerung der Glaubensgewissheit und Rechtfertigung in der persönlichen Erfahrung aufzeigen; die Theologie des Apostels hat in der Gnade ihren Ursprung, die er bei seiner Bekehrung erfahren hat:

> „An diesem gewaltigen Passivum, in dem die neutestamentlichen Zeugen hier immer reden, hängt in der Tat alles. Nur weil wir in dem entscheidenden Punkt, der unserem Leben die Richtung gegeben hat, ganz empfangend gewesen sind, haben wir als Glieder des Leibes Christi die Stoßkraft gegenüber allen Widerständen, die die Welt uns entgegensetzt."[50]

Damit schließt sich die Denkbewegung Heims, die eine lebenslange Bemühung um die Gewissheit des Glaubens darstellt. Was beim frühen Heim im „WELTBILD DER ZUKUNFT" und in der „GLAUBENSGEWISSHEIT" als knappes, nur mehr angedeutetes Geheimnis des Glaubens gegen die erkenntnistheoretische Verzweiflung erscheint, das entfaltet Heim im Hauptwerk auf breiter theologischer Basis. Die Frage nach der bloßen Denkmöglichkeit des Glaubens mündet in eine ausführlich begründete Darstellung des Glaubens. Gott hat durch sein Wort geredet; er wohnt durch seinen Geist in den Nachfolgern Christi. Diese erfahren im Gebet, in der persönlichen Führung und im Vollzug des Gehorsams

---

[49] HEIM, *Jesus der Herr*, S. 104.
[50] HEIM, *Jesus der Weltvollender*, S. 242.

seine Gegenwart als überwältigende Gewissheit. Der prophetische Ausblick des Dreißigjährigen findet im Lebenswerk des Hochschullehrers seine theologische Erfüllung:

> „Nur auf dem höchsten Gebiete hat uns ein langes theoretisches Siechtum das Wollen abgewöhnt. Krankhafte Halluzinationen logen uns Hinterwelten vor, auf die wir alle Entscheidungen abwälzen konnten, oder machten uns durch die Suggestion eines unabänderlichen Naturmechanismus zu scheuen Sklaven der Vergangenheit. Aber einst wird auch auf dem höchsten Gebiet wieder der Mut zur Entscheidung erwachen, der in der lauen Luft dieses philosophischen Zeitalters verweichlichte und erschlaffte. Da werden wir von der Schwermut des Gedankens geheilt sein und von dem Grübeln nach Gründen, das unseren Mut für so viele Jahrhunderte brach. Da werden wir wieder, wie in den Zeiten des Geistes und der Kraft zum großen Wurfe Gottes jauchzend Ja sagen und alle ‚Gründe' und ‚Gegengründe' wie Schlangen niedertreten."[51]

---

[51] HEIM, *Das Weltbild der Zukunft. Eine Auseinandersetzung zwischen Philosophie, Naturwissenschaft und Theologie,* Wuppertal ²1980, S. 298f.

9. Prediger vor Naturwissenschaftlern, Weingärtnern und Philosophen – Karl Heim als Prediger

Am Geburtshaus Karl Heims im württembergischen Frauenzimmern ist eine Gedenktafel angebracht mit der vielsagenden Inschrift: „Karl Heim, Prediger Jesu Christi vor Naturwissenschaftlern, Weingärtnern und Philosophen". Mit diesem Text wird aus guten Gründen an dem Pfarrhaus in Frauenzimmern nicht nur eines bedeutenden evangelischen Theologen, sondern vor allem auch eines begabten und bevollmächtigten Predigers gedacht. Karl Heim war auf der Kanzel ebenso zu Hause wie auf dem wissenschaftlichen Katheder an der Universität. Er hatte die ehrenvolle Aufgabe als sogenannter Frühprediger Gottesdienste für die Gemeinde und für Studenten in der Tübinger Stiftskirche zu halten.[1] Seine Verkündigung zeichnete sich gleichermaßen durch inhaltliche Tiefe wie auch Verständlichkeit aus. Die Menschen strömten zu Heim in den Gottesdienst, weil sie spürten, dass hier ein Zeuge Jesu Christi das biblische Wort weitergab als einer, der selbst von diesem Worte lebte und geprägt wurde. Das Überraschende und Faszinierende an dem Prediger Karl Heim war, dass er mit großer Eindringlichkeit zu Menschen ganz unterschiedlicher Bildung und Berufe sprechen konnte. Er erreichte ihr Herz, ohne je oberflächlich zu werden. Akademiker der Universitätsstadt ließen sich von ihm anregen und mitreißen, ebenso wie ganz schlichte Handwerker und Weingärtner.

In diesem Kapitel geht es darum, die besondere Predigtweise und das Profil Heims als Verkündiger deutlich zu machen. Dazu eignet sich am besten die Analyse einer seiner vielen gedruckten Predigten. Diese wurden unmittelbar nach dem mündlichen Vortrag zunächst als Einzelhef-

---

[1] Der Verfasser kennt einen weit über 90-jährigen Tübinger, der ihm noch heute mit leuchtenden Augen erzählt, wie gerne er in die vollbesetzte Stiftskirche ging, um Karl Heim zu hören.

te und später auch in Predigtbänden mehrfach publiziert. Die Lektüre von Heims Predigten lohnt sich bis heute; sie haben eine unverlierbare Frische, Klarheit und geistliche Tiefe, die uns Entscheidendes zu sagen hat.

Die Einführung in seine Predigtweise kann – wie bereits angedeutet – nicht am „grünen Tisch" entfaltet werden, sondern bedarf der konkreten Anschauung. Deshalb wird hier eine Predigt vom 3. Advent über Matthäus 11,2-10 in voller Länge abgedruckt.[2] Heim hatte sie unter den Titel „DIE ÜBERWINDUNG DES ZWEIFELS" gestellt. Diese Thematik vermag, im Zusammenhang der Homiletik[3] und ergänzend zu den bisherigen Kapiteln, gleichzeitig etwas von dem Grundzug des Heimschen Lebenswerkes deutlich werden zu lassen. Es geht Heim in dieser Predigt um die Zweifler, denen unbeantwortete Fragen im Blick auf Jesus den Zugang zum Glauben erschweren oder sogar unmöglich machen. Die Auswahl dieses Textes ist also durch die inhaltliche Fragestellung unseres Buches bestimmt und nicht etwa davon, eine herausragende Predigt auszusuchen. Und doch macht diese ganz typische Heim-Predigt sehr viel von dem deutlich, was das Profil Heims als Verkündiger des Evangeliums kennzeichnet.

Die Überwindung des Zweifels (Adventspredigt)

Matthäus 11,2-10: Da aber Johannes im Gefängnis die Werke Christi hörte, sandte er seiner Jünger zwei und ließ ihm sagen: Bist du, der da kommen soll, oder sollen wir eines anderen warten? Jesus antwortete und sprach zu ihnen: Gehet hin und saget Johannes wieder, was ihr sehet und höret: Die Blinden sehen und die Lahmen gehen, die Aussätzigen werden rein und die Tauben hören, die Toten stehen auf und den Armen wird das Evangelium gepredigt; und selig ist, der sich nicht an mir ärgert. Da sie hin-

---

[2] HEIM, *Die lebendige Quelle. Predigten von Karl Heim*, Tübingen 1927, S. 3-17.
[3] *Homiletik* ist die Predigtlehre.

gingen, fing Jesus an zu reden zu dem Volk von Johannes: Was seid ihr hinausgegangen zu sehen? Wolltet ihr einen Menschen in weichen Kleidern sehen? Siehe, die da weiche Kleider tragen, sind in der Könige Häusern. Oder was seid ihr hinausgegangen zu sehen? Wolltet ihr einen Propheten sehen? Ja, ich sage euch, der auch mehr ist denn ein Prophet. Denn dieser ist's, von dem geschrieben steht: „Siehe, ich sende meinen Engel vor dir her, der deinen Weg bereiten soll."

1 Es gehört zu den alten Ordnungen unserer Kirche, daß wir, ehe wir in die Weihnachtsfreude eintreten, an einer ernsten Stätte vorbeigehen müssen, die für die ganze Christenheit von großer Bedeutung ist, an dem Gefängnis Johannes des Täufers. Unsere Gedanken eilen schon
5 dem Feste zu; in den Schaufenstern auf unseren Straßen schimmern und locken die Weihnachtsgeschenke. Aber ehe uns die Festfreude umfängt, müssen wir einen Augenblick stille stehn vor dem dunklen Verließ unter dem Schloß des Herodes, wo Johannes der Täufer seine letzten Lebenstage zubringt. Unter allen Gestalten des Neuen Testa-
10 ments, die um Christus her stehen, hat vielleicht Johannes der Täufer, schon rein menschlich betrachtet, am meisten Größe und Heldentum. In spartanischer Einfachheit hält er seinen Körper in Zucht; er lebt von Heuschrecken und wildem Honig. Er ist ins Gefängnis gekommen, weil er einem Machthaber die Wahrheit sagt: „Es ist nicht recht", sagt er zu
15 Herodes, „daß du deines Bruders Weib hast!" Er wußte wohl, daß ihm dieses den Kopf kosten werde, aber er ging der Gefahr nicht aus dem Wege.
Aber schwerer noch als Gefangenschaft und Todesnähe ist die innere Unruhe, die auf seinen letzten Lebenstagen lastet. Ruhelos geht er im
20 Gefängnis auf und ab. Er hat eine Frage, die er nicht loswerden kann. Wir merken es noch heute, wenn wir die Frage lesen, mit der er zwei seiner Jünger zu Jesus schickt, daß sie aus langer Einsamkeit geboren ist. Er hat diese Frage lange und gründlich überlegt. Wie sich an einem Sommerabend der Himmel umdüstert und alle Wolken sich zuletzt zu einer
25 dunklen Wetterwolke zusammenballen, aus der der Blitz zuckt, so ballen sich für ihn alle Gedanken, die ihm im Gefängnis über Jesus ge-

kommen sind, zuletzt zu einer schweren Frage zusammen: „Bist du, der da kommen soll, oder sollen wir eines anderen warten?" Was meint er mit dieser Frage? Ist er an Gott irre geworden? Manche haben ihn mit den großen Zweiflern der Menschheit zusammenstellen wollen, mit 30 Männern wie Voltaire oder Montaigne. Aber wir müssen genau hinhören, was er fragt. Er zweifelt nicht an Gottes Weltregierung, auch nicht an der Verheißung, daß Gott die Welt erlösen wird. Er bezweifelt auch nicht, daß Gott einen Mann senden wird, durch den er die Erlösung vollendet. Aber er kann nicht glauben, daß Jesus dieser Mann ist. 35

Bist du der kommende Mann, dessen wir warten, oder bist du nur einer wie die andern alle, ein Vorbote, ein Wartender, der die Gotteszeit herbeisehnt? Was bringt ihn auf diese Frage? „Als er im Gefängnis die Werke Christi hörte", da ist ihm diese Frage gekommen. Es wurde ihm erzählt, wie Jesus umherging und „wohltat allen, die vom Teufel 40 überwältigt werden", wie er den Blinden die Hand auf die Augen legte und die Lahmen aufrichtete. Johannes hatte etwas ganz anderes erwartet. In seinen gewaltigen prophetischen Gesichten sieht er einen starken Messias vor sich, einen Mann mit hochgeschwungener Axt, eine Gestalt, ähnlich wie der Mann auf dem bekannten Bilde von 45 Hodler aussieht, der mit *einem* Streich einen Baum abschlägt. „Er hat die Axt den Bäumen an die Wurzel gelegt. Jeder Baum, der nicht gute Früchte bringt, wird abgehauen und ins Feuer geworfen." Dann sah er ihn wieder mit der Wurfschaufel in der Hand auf der Dreschtenne, wie er den Weizen aussiebt und alles andere, Spreu und Stroh, in gro- 50 ßen Würfen in die Flammen schleudert. Und nun dieser schlichte Sämann Jesus, der durchs Land geht, um seinen Samen auszustreuen. Das konnte doch nicht der Verheißene sein! Es fehlte ihm ja gerade der entscheidende Zug, das Durchgreifende, das Weltumgestaltende, die hochgeschwungene Axt und das brennende Feuer, in das alle 55 faulen Bäume geschleudert werden. Nicht einmal den Kerker des Johannes konnte er sprengen. Er rührte keinen Finger, um ihn zu befreien. So nahm der starke Johannes Ärgernis an der Ohnmacht Jesu.

Wir alle können diesen Anstoß nur allzugut verstehen, namentlich 60 die starken Geister und leidenschaftlichen Menschen unter uns.

169

Wir wollen zuerst darüber nachdenken, warum Anstoß an der Ohnmacht Jesu sich in uns allen regt, und dann, wie Jesus diesen Anstoß überwindet.

I.

Als Jesus in der denkwürdigen Stunde am Ölberg vor seinem Leiden von seinen Jüngern Abschied nahm, sagte er ein Wort, das in seiner Bedeutung uns alle mit umfaßt: „In dieser Nacht werdet ihr euch alle an mir ärgern!" Natürlich erhob sich ein Sturm der Entrüstung im Jüngerkreis, als er das gesagt hatte. Petrus trat vor und sprach: „Wenn sich auch alle an dir ärgerten, so will ich mich doch nimmermehr ärgern. Desgleichen sagten auch alle Jünger." Es war eine begeisterte Huldigung, die das Abschiedswort Jesu auslöste, eine Art Rütlischwur. Wenn Jesus auch nur etwas Weichheit besessen hätte, so wäre er von Rührung übermannt worden über der Ovation dieser zum Tod bereiten Schar. Aber er bleibt hart. Denn er weiß: Der Gang, den er jetzt antreten muss, ist so schwer und furchtbar, daß kein Mensch, auch wenn er noch so sehr für ihn begeistert wäre und bereit für ihn zu sterben, darüber hinwegkommen kann, ohne schwersten Anstoß daran zu nehmen und in Gefahr zu kommen, seinen Glauben darüber zu verlieren. Judas wird an Leib und Seele zugrunde gehen, weil er an der Ohnmacht Jesu verzweifelt. Petrus wird darüber einen so tiefen Fall tun, daß er sich sein Leben lang deswegen zu schämen hat. Paulus wird darüber zum Verfolger der Gemeinde werden, weil dieser ohnmächtige Messias seinen jüdischen Erwartungen widerspricht. Und ist es nicht heute noch genau so, wie es Jesus vorausgesagt hat? Der Grund, warum die Welt sich von ihm abgewandt hat, warum die Massen der Menschen ihn verlassen, ist die Ohnmacht Jesu. Wenn man einen der ernsten Männer fragt, die in den letzten Jahren aus voller Überzeugung aus der Kirche ausgetreten sind, warum sie das getan haben, so bekommt man meistens die Antwort: Ich habe Achtung vor der Moral Jesu, vor den Forderungen der Bergpredigt, vor dem Bußruf Johannes des Täufers. Sie haben der Menschheit ein hohes Ziel vor Augen gestellt. Aber es

170

steht keine Macht dahinter. Sie haben ihre Forderungen nicht durchsetzen können. 1900 Jahre christlicher Einfluß haben das Völkermorden des Weltkriegs nicht aufhalten könne. Immer wiederholt sich das Schauspiel, das im heutigen Evangelium uns vor Augen steht: Die Massen sind zu Johannes hinausgeströmt in die Wüste. „Was seid ihr hinausgegangen in die Wüste zu sehen?" fragt sie Jesus. Nicht bloß ein Rohr wollen sie sehen, das vom Wind bewegt wird; also nichts Alltägliches. Auch nicht einen üppigen Höfling in weichen Purpurkleidern. Nein, sie wollten etwas viel Größeres sehen, einen zweiten Elias, der Feuer vom Himmel regnen läßt auf seine Verfolger, oder der drei Jahre Dürre übers Land verhängt, daß Menschen und Vieh verschmachten. Aber die Machtkundgebung blieb aus. Es kam die große Enttäuschung. Der Prophet ließ sich ins Gefängnis abführen, und die Bewegung flaute ab.

Aber die Ohnmacht Jesu ist nicht bloß der Einwand, den die *Welt* gegen ihn erhebt. Nein, er lebt auch in uns, die wir Jünger Jesu sein möchten. Nicht der große Jammer, der durch die Welt geht, ist unsere schwere Anfechtung. Nein, die Tatsache, daß auch wir, die wir uns Christus hingegeben haben, so wenig von seiner Königsmacht spüren, daß wir vielmehr an seinem Gang zum Kreuz teilnehmen müssen. Es ist vorgekommen, daß Missionare, nachdem sie für ihren Beruf ausgebildet waren und ihr Leben Gott geweiht hatten, wenige Wochen nach ihrer Ankunft auf dem Missionsfeld vom tödlichen Fieber hingerafft wurden. Warum geschieht das? Warum werden diese wertvollen Menschen, von denen soviel Segen ausgehen kann, den Mächten der Krankheit und der widerstrebenden Welt wehrlos preisgegeben? Warum geht es so vielen, die in der Arbeit für Gott stehen, wie Paulus, dem Gott den Pfahl im Fleisch nicht wegnahm, obwohl er ihn täglich an der Arbeit hinderte? Warum tut Christus kein Wunder, um einen so unersetzlichen Menschen wie Johannes den Täufer davor zu retten, daß er der Weinlaune einer üppigen Hofgesellschaft zum Opfer fällt?

II.

So nehmen wir alle irgendwie Anstoß an dem Kreuzesgang, den Jesus
selbst geht und in den er all seine Jünger hineinzieht. Gibt es eine Überwindung dieses Anstoßes? Gibt es eine Antwort auf die Frage der Fragen,
in der alle Einwände der Welt und alle Anfechtungen der Gläubigen zu-
sammengefaßt sind, auf die Frage des Johannes: „Bist du, der da kommen soll, oder sollen wir eines anderen warten?" Wie überwindet Jesus
das Ärgernis? „Geht hin und sagt Johannes wieder, was ihr sehet und
höret. Die Blinden sehen und die Lahmen gehen und die Aussätzigen
werden rein und die Tauben hören. Die Toten stehen auf und den Armen
wird das Evangelium gepredigt." In diesen Worten kann die Antwort
noch nicht liegen, wenigstens nicht die ganze Antwort, die Jesus dem
Johannes zu geben hat. Denn diese Taten waren ihm ja schon bekannt.
Er hatte im Gefängnis von den Werken Christi gehört. Daran nahm er
ja gerade Anstoß, daß Jesus nicht mehr tat als diese Liebeswerke. Der
Nachdruck liegt also auf dem letzten Wort, daß er bedeutungsvoll hin-
zufügt: „und selig ist, wer sich nicht an mir ärgert!" Was will Jesus mit
diesem geheimnisvollen Worte sagen? Es erinnert an das andere Wort,
das er dem anderen großen Zweifler im Evangelium gesagt hat: „Dieweil du mich gesehen hast, Thomas, so glaubst du. Selig sind, die nicht
sehen und doch glauben!" Es gibt also zwei Stufen des Glaubens, einen
Anfangszustand, in dem wir uns alle zunächst befinden, über dem die
Überschrift steht: „Dieweil du gesehen hast, so glaubst du", und einen seligen Vollendungszustand, zu dem wir alle erst reif werden sollen, von
dem gilt: „Selig, sind, die nicht sehen und doch glauben!" „Selig, wer
sich nicht ärgert an mir!" Wer einmal in einem Flugzeug gefahren ist,
der erinnert sich an die eigentümliche Empfindung, die wir haben, wenn
das Flugzeug sich von der Erde erhebt. Es ist zunächst ein Stück weit auf
dem Boden entlang gerollt. Es braucht zunächst noch Halt, noch festen
Boden unter sich, bis der Motor in Gang gekommen ist. Aber nun steigt
es empor. Die Felder, Bäume und Häuser scheinen unter ihm in eine
bodenlose Tiefe zu versinken, und es wird vom Luftmeer getragen und
wie von unsichtbaren Armen aufgenommen. Das ist nur ein schwaches
Gleichnis für das, was Jesus meint, wenn er von den zwei Stufen des

Glaubens redet. Jesus weiß, wir Menschen können nicht mit einem Schlag auf die zweite Stufe gelangen, wo wir selig ruhen in den unsichtbaren Armen Gottes hoch über der bodenlosen Tiefe. Erst müssen wir Boden gewonnen haben. Wir brauchen greifbare Tatsachen, auf die wir 165 uns stützen können. Das ist das Trostvolle in unserm Evangelium, daß Jesus den Täufer nicht verdammt, weil er für seinen Glauben zunächst einmal eine tragende Grundlage gewinnen möchte, weil er Kraftbeweise sehen wollte und weil er an ihm irre wurde, als ihm das versagt war. Wenn jemand uns Menschen ein Mißtrauensvotum ausspricht, dann 170 brechen wir den Verkehr mit ihm ab. Wir sind verletzt. Aber das ist das Göttliche an Jesus, daß er den Mann trägt und liebt, der an ihm irre geworden ist. Gott ist größer als unser Herz. Wenn wir nicht glauben, bleibt er doch treu. Er kann sich selbst nicht verleugnen. Christus überfordert keinen von uns, der sich seiner Führung anvertraut. Er weiß, wir 175 können uns nicht unmittelbar erheben in jenen seligen Zustand, wo wir in seinen unsichtbaren Armen ruhen hoch über der Tiefe, mitten im Toben der Elemente, mitten im Lärm der Welt, die uns keinen Augenblick zur Ruhe kommen läßt, mitten in der Hetze und Überlastung des heutigen Lebens. Wir müssen zunächst einen festen Halt in sichtbaren Gna- 180 denbeweisen Gottes gefunden haben. In diesem ersten Zustand ist es fast unvermeidlich, daß wir immer wieder an Gott irre werden. Seht einen jungen Vogel, dem die Flügel noch nicht gewachsen sind. Immer wieder sucht er in die Höhe zu kommen, aber immer wieder stürzt er zu Boden. So muß es auch uns gehen, solange unserem Glauben die Flügel 185 noch nicht gewachsen sind. Aber darin zeigt sich gerade die Heilandsliebe Jesu, daß er diesem schwachen, irrenden Glauben entgegenkommt. Zum zweifelnden Thomas sagt er: „Reiche deine Hand her und lege sie in meine Seite!" Das hat keiner der andern Jünger tun dürfen. Gerade die Zweifler und Anfänger unter uns werden von Christus, ohne daß sie es 190 wissen, in besonderer Liebe getragen. Immer wieder läßt er uns Zeichen seiner Güte sehen. Vielleicht schickte er uns, als wir ganz einsam waren, einen lieben Menschen, der uns verstand, und der ist uns der Führer zu Gott geworden. Dieses sichtbare Zeichen der Treue Gottes hat uns überwunden. Im Alten Testament wird von Gideon erzählt, wie er den Auf- 195 trag zu einer großen Glaubenstat erhielt. Er aber konnte die Glaubens-

kraft dazu noch nicht aufbringen. Er bittet Gott um ein Zeichen. Und Gott tränkt das Fell mit Tau und läßt die ganze Erde rings herum trocken bleiben. Aber Gideon kann immer noch nicht glauben. Er bittet Gott
200 noch einmal um ein Zeichen. „Dein Zorn ergrimme nicht über mich, daß ich noch einmal rede. Ich wills noch einmal versuchen mit dem Fell. Es sei allein auf dem Fell trocken und Tau auf der ganzen Erde!" Und Gott hat noch einmal Geduld und kommt seinem Zweifel noch einmal entgegen. Dann aber sind seinem Glauben die Flügel gewachsen. Nun
205 bedarf er keines Beweises mehr und stürmt im Vertrauen auf Gott mit einer Handvoll Leute gegen die feindliche Übermacht. Mancher von uns hat schon in ähnlicher Weise mit Gott um ein Zeichen gerungen. Und Gott ist unserm schwachen Glauben wunderbar entgegengekommen.

Aber dieser schwankende Zustand darf nicht das Letzte sein. So kön-
210 nen wir nicht in die Ewigkeit hinübergehen. In dieser Abhängigkeit von greifbaren Beweisen sind wir dem Todeskampf nicht gewachsen. Wir sollen etwas Größeres lernen, das selige Ruhen in den unsichtbaren Armen. Das lernen wir nur, wenn uns Gott den Boden unter den Füßen wegzieht, wenn er uns in Tiefen hineinführt, wo wir ihn nicht mehr ver-
215 stehen. Paulus sagt, wir sollen also teilnehmen am Leidensgang Jesu, nicht nur am Kampf in Gethsemane, sondern auch an der letzten Stunde, wo Christus ruft: „Mein Gott, warum hast du mich verlassen?" Gott verbirgt auch vor uns seine Macht, damit wir glauben lernen. Es muß an der Gestalt Jesu, an seinem Gang zum Kreuz und auch an unserm eige-
220 nen Leidensweg etwas übrig bleiben, was wir nicht verstehen, was wir jedenfalls in diesem Leben nie verstehen können. Nur dann können wir erfahren, was in dem Wort enthalten ist: „Selig, wer sich nicht an mir ärgert!" Ein Missionar der Brüdergemeinde besuchte einen aussätzigen Neger. Es war Aussatz im letzten Stadium. Er trat in die niedrige Hütte
225 und fragte ihn, ob er ihm eine Liebe tun könne. „Singe mir das Lied", sagte der Kranke, „Sei Lob und Ehr dem höchsten Gut, dem Vater aller Güte!" Als der Lobgesang in der Hütte verklungen war, sagte der Aussätzige: „Singe es mir doch noch einmal!" „Warum hast du gerade um dieses Lied gebetet?", fragte ihn der Missionar. „Weil mein Herz so fröh-
230 lich ist. Einst murrte und haderte ich gegen meine Krankheit; nun bin ich still geworden. Und in dieser Nacht hatte ich einen Traum. Der Herr

Jesus trat in die Tür meiner Hütte, stellte sich an mein Bett und sah mich barmherzig an. ‚Josua‘, so sagte er, ‚du wirst mit mir im Paradiese sein!‘ Meinst du nicht, daß man darüber allen Jammer vergessen kann?" Dieser aussätzige Mann hatte die wahre Adventsfreude gefunden, die Selig- 235 keit, die darin besteht, daß wir uns nicht mehr ärgern an Jesus. Es gibt Dinge im Christenleben, über die man auch in der Gemeinde nur selten redet, aus Furcht, sie zu entweihen. Es gibt ein Allerheiligstes, über dem der Vorhang hängt. Das ist die Liebe zum gekreuzigten Heiland, die der Anfang der ewigen Seligkeit ist. Paulus wünschte sich keine Paradies- 240 freuden. Er hatte nur einen Wunsch, bei Christus zu sein und mit ihm in alle Ewigkeit umzugehen. Diese starke, brennende Heilandsliebe ist nichts Weiches und Süßes und Bräutliches. Denn nur wer überwindet, heißt es in der Offenbarung, nur wer zum Tode bereit ist und die Not dieses Lebens mannhaft auf sich nimmt, der empfängt das verborgene 245 Manna und bekommt den neuen Namen, den niemand kennt, denn der ihn empfähet [empfängt]. Gott muß uns vieles nehmen, ehe er uns diese vollkommene Freude geben kann. Aber wenn wir sie gefunden haben, dann nehmen wir keinen Anstoß an der Niedrigkeit Jesu. Wir sagen zu ihm gerade in seiner Kreuzesgestalt: O du, den meine Seele liebt! 250 Alle Helden der Geschichte, alle Dichter und Künstler der Menschheit erscheinen uns klein im Vergleich mit der Herrlichkeit des Gekreuzigten. Wenn wir zu dieser Adventsfreude gekommen sind, dann verwandelt sich unser Leben. Wir wollen in dieser Welt, die Christus ans Kreuz geschlagen hat, keine Ehre mehr für uns. Wir wollen den untersten Weg ge- 255 hen. Wir wollen allen, die uns brauchen, dienen, wie Er gedient hat. Gott gebe uns diese wahre Adventsfreude, die nie vergeht! Amen.

Aus der hier vorgelegten Adventspredigt lassen sich einige grundlegende Merkmale der Predigtweise Heims sehr gut darstellen.

9.1 Predigtziel

Heim geht in allen seinen Predigten mit großer Klarheit und Konzentration auf eine ganz spezifische Fragestellung zu. Auch wenn er einen umfangreicheren Predigttext, wie in Mt 11,2-10 vorliegen hat, legt er nicht im Sinne einer Homilie den Text Vers für Vers aus. Er hat stattdessen – und darin zeigt er sich als Systematiker – immer ein präzise formuliertes Predigtthema, von dem her er dann den Text erschließt.

Dabei lässt er in großer Freiheit andere mögliche Fragestellungen des Textes und interessante Beobachtungen der Auslegung beiseite, um desto nachdrücklicher sein Thema herauszuarbeiten. Die jeweils erörterte Fragestellung wird in der Regel unmittelbar nach dem Ende der Einleitung knapp und klar benannt. In der vorliegenden Predigt geht es darum, dass Menschen, die mit hohen messianischen Erwartungen Jesus gegenüber treten, von Christus selbst aufgerufen werden, sich nicht an ihm zu ärgern. Mit diesem Thema ist ein Grundkonflikt zwischen Judentum und Christentum bis zum heutigen Tage angesprochen: welche messianischen Erwartungen Jesus erfüllt und welche nicht. Dieses Thema wird von Heim allerdings keineswegs nur auf die damaligen jüdischen Zeitgenossen Jesu bezogen. Es handelt sich vielmehr um einen universalen Konflikt von Menschen aller Kulturen und Zeiten, die Christus begegnen und sich mit ihm auseinandersetzen. Mit der Ankündigung des thematischen Mottos, das wie eine Überschrift vor dem Hauptteil benannt wird, weiß der Hörer sehr präzise, was er zu erwarten hat.[4] Er wird in dieser Erwartung auch nicht enttäuscht, denn Heim geht unbeirrt der aufgeworfenen Frage nach, um sie so umfassend und so überzeugend wie irgend möglich zu beantworten. Heims Predigt erweist sich also in höchstem Maße zielorientiert.

VON EINEM PRÄZISE FORMULIERTEN PREDIGTTHEMA AUS ERSCHLIESST SICH DER TEXT.

---

4   Die Zahlen in Klammern verweisen auf die Zeilennummerierung in der Predigt.

9.2 Predigtgliederung

Eine unverkennbare Stärke von Heims Predigten ist ein spannender, den Hörer bzw. die Hörerin wirklich einladender Predigtanfang. Er versteht es, das Interesse zu wecken. In der vorliegenden Predigt geschieht dies mit relativ schlichten Mitteln, indem er zunächst auf den durch das Kirchenjahr gegebenen Bezug des 3. Advents eingeht und sich der Gestalt Johannes des Täufers widmet. Der Einstieg kann bei Heim auch völlig anders gestaltet sein, etwa durch ein anregendes Zitat, ein höchst anschauliches Bild, eine Kurzgeschichte oder sonst ein starkes rhetorisches Element, das sofort die Aufmerksamkeit gewinnt und die Gemeinde nicht mehr loslässt. Der Überraschungseffekt im Fall der vorliegenden Predigt liegt in der Spannung zwischen adventlicher Romantik mit hell beleuchteten Schaufenstern und lockenden Weihnachtsgeschenken auf der einen Seite und der knappen Schilderung des Kerkers des Johannes auf der anderen Seite. Es handelt sich um ein dunkles Verließ, an dem jeder vorbeigehen muss, der zur wirklichen Weihnachtsfreude vordringen will (vgl. 1–9). Nach der kurzen Schilderung der markanten Gestalt des Täufers geht Heim ohne weitere Umschweife auf sein Thema zu. Es ist die Lebenskrise des Vorläufers Jesu, der an dem Nazarener irre zu werden droht, zumindest von schwerwiegenden Fragen im Blick auf seine Messianität umgetrieben wird (18–35).

Der Konflikt zwischen der prophetischen Sendung und der Widerstand leistenden Gestalt des Täufers und dem das Evangelium verkündigenden und zur Liebe Gottes einladenden Jesus, der scheinbar so ohnmächtig ist, wird höchst anschaulich verdeutlicht (36–59).

Damit ist Heim dann bei der allgemein formulierten Thematik, in die der Hörer voll einbezogen wird. Es geht um die Anstößigkeit des ohnmächtigen Jesus und darum, wie Christus selbst diesen Anstoß überwindet (60–64).

Der dann folgende Hauptteil ist in zwei große Abschnitte aufgeteilt. Das ist eine ebenfalls charakteristische Besonderheit in der Predigtglie-

HEIM GEHT UNBEIRRT DER AUFGEWORFENEN FRAGE NACH, UM SIE SO UMFASSEND UND SO ÜBERZEUGEND WIE IRGEND MÖGLICH ZU BEANTWORTEN.

derung Karl Heims. Im Unterschied zu der sehr weit verbreiteten Tradition, in drei Punkten den Predigtinhalt vorzutragen, wählt Heim in aller Regel eine Zweigliederung. Diese Zweiteilung beinhaltet meist einen stark herausgearbeiteten Kontrast. Auf der einen Seite steht die negative Erfahrung, dann im zweiten Teil die positive: einerseits die scharf zugespitzte Frage und andererseits die umfangreiche Antwort bzw. hier die menschliche Problematik und dort die göttliche Offenbarung. Bei diesen Gegenüberstellungen ist theologisch wichtig, dass Heim im Unterschied zu vielen Predigern sich nicht in der Darstellung der Probleme dieser Welt verliert. Vielen Verkündigern geht es nämlich so, dass sie am Ende gegen den durch das Problembewusstsein erzeugten Sog des Negativen nicht mehr ankommen. Bei Heim wird immer mit großem Nachdruck und in sachlicher Ausführlichkeit das Evangelium als Antwort formuliert. Im vorliegenden Text zeigt sich, dass die Einleitung für diese Dialektik des Pro und Kontra bereits so etwas wie ein Präludium der Gesamtpredigt darstellt. Es geht um die Enttäuschung unserer Erwartungen und die souverän andersartige Antwort Jesu auf messianische Hoffnungen (1–64).

Der Predigtschluss bei Heim ist schlüssig. Das Ganze wird gewissermaßen als Paket so verschnürt, dass der Hörer es an einem Henkel mit nach Hause nehmen kann (236–257). Der Schluss nimmt die Anfangsfrage nach der Adventsfreude auf und macht diese Freude als Geschenk Gottes fest.

9.3 Predigtstil

Der Predigtstil Heims ist ein beredtes Zeugnis seiner großen sprachlichen Begabung. Nirgends verliert er sich in langweilige abstrakte theologische Abhandlungen, sondern drückt das, was er zu sagen hat, in einer unglaublichen Vielfalt von rhetorischen Formen, Figuren und Stilelementen aus. Dadurch wird seine Predigtweise anschaulich, eindringlich und für jeden verständlich. Man hört ihm gerne zu. Ausgehend von der vorliegenden Predigt sollen hier einige dieser sprachlichen Mittel kurz skizziert werden:

- Es handelt sich um einen Evangelientext, der in einem Erzählzusammenhang über Jesu Wirken steht. So legt es sich nahe, immer wieder erzählende Momente in die Verkündigung aufzunehmen. In der Geschichte dieser Auseinandersetzung zwischen Christus und seinem prophetischen Vorläufer ist so viel Dynamik enthalten, dass die Konturen dieses eigenartigen Gesprächs mit seinem erzählerischen Umfeld sich wie ein roter Faden durch die Predigt ziehen. Insgesamt ist für Heims Verkündigung wichtig, dass er nicht so sehr argumentativ beweisen, sondern persönlich bezeugen will. Er bezieht sich auf Erfahrungen und Geschichten, in die Menschen mit ihrer Gottesbeziehung hineinverwoben sind. Gerade in der vorliegenden Predigt arbeitet er viele Aspekte durch das Beispiel biblischer Gestalten heraus. Es sind Menschen, deren Geschick in jeweils unterschiedlichen Situationen das Grundthema der Predigt illustriert, wie in der Szene der Jünger beim Abschied Jesu auf dem Ölberg (68–82), oder der Schilderung des Paulus als Verfolger, in seinem Zorn über den ohnmächtigen Messias (85–87). Eine eindrückliche Parallele ist selbstverständlich der Zweifler Thomas (145–153). Die Anspielung auf die alttestamentliche Gideongeschichte greift mit dem Thema Zeichen bzw. Führung ein Grundanliegen der Heimschen Theologie auf und bezieht es strikt auf die in der Predigt bearbeitete Fragestellung (195–205).
- Eine unverkennbare Stärke Heims liegt in der Vielfalt eindrücklicher Bilder. Heim, der als Hobbykunstmaler tätig war und einige ansehnliche Ölgemälde geschaffen hat, ist ein Mensch, dem ganz offensichtlich Bilder zufallen. Er schaut sie in seiner Vorstellung und kann sie deshalb mit großer Lebendigkeit dem Hörer vor Augen stellen. In manchen Predigten sind es mitunter zu viele verschiedene Bilder, die man gar nicht innerhalb einer kurzen Präsentation verkraften kann. In der vorliegenden Predigt sind sie aber wohldosiert und sehr geschickt eingesetzt. Angefangen vom Sommerabend, an dessen Himmel sich Wolken zu einem Gewitter zusammenballen, die sich dann als Blitze entladen. So ballen sich für den Täufer im Gefängnis die schweren Fragen zusammen und entladen sich mit gewaltiger Energie in dem Zweifel an der messianischen Macht Jesu (23–27). Von tragender Bedeutung für das Glaubensverständnis Heims ist das Bild vom startenden

Flugzeug, das erst mit entsprechend hoher Geschwindigkeit vom Roll-
feld abheben kann. Der Glaube braucht zunächst die Bodenhaftung
sinnlicher Erfahrungen und Wunder, ehe er in uneingeschränktem
Vertrauen Gott gegenüber seine Geborgenheit findet (148–166). Dieses Bild wird dann noch einmal unterstrichen durch die ähnliche Me-
tapher von einem jungen Vogel, der erst mit entsprechender Reife zu
fliegen vermag (182–185).

• Bei der Perikope Mt 11,2-10 handelt es sich ganz wesentlich um einen
Dialog. Heim lässt den Hörer am Gespräch zwischen Jesus und dem
Täufer, das durch die Johannesjünger vermittelt wird, teilhaben.
Damit gewinnt die Predigt Spannung und Dynamik. Diese wird vertieft durch ein stilisiertes Selbstgespräch, das der Täufer im Kerker
führt (36–59). Heim versteht es sehr wohl, seine Hörer in das Gesche-
hen einzubeziehen. Er sucht immer wieder die direkte Anrede, durch
die er die Aufmerksamkeit besonders wachruft. Zu diesem dialogischen Aspekt der Predigt gehört nicht zuletzt die Frage nach der
Anwendung bzw. Verknüpfung des biblischen Textes mit dem
Lebenszusammenhang des Hörers im 20. Jh. Dabei überlagern sich
auch einzelne rhetorische Figuren und Stilmittel. So wird in der
Geschichte des Missionars, der einen aussätzigen „Neger" in seiner
Hütte aufsucht, zeugnishaft der Durchbruch eines Glaubenden in
einer ganz anderen Kultur und geschichtlichen Situation herausge-
stellt. Heim demonstriert, wie ein Mensch zum Glauben durchbricht.
Es ist das Grundvertrauen, das im Predigttext Jesus von Johannes
erwartet. Aber auch die Problemstellung des modernen Menschen
wird ausdrücklich als Zweifel gegenüber Jesus benannt (88–97). Die
ganze Predigt ist in Frage und Antwort eine dialogische Auseinandersetzung mit den Vorbehalten und Zweifeln des kirchenkritischen
Menschen, aber auch den Anfechtungen des Glaubenden. Da die Predigt Heims sich so konkret auf den Zeitgenossen einlässt, wird gerade
im Blick auf das dialogische Element auch ein Stück der Zeitbe-
dingtheit, die jeder guten Predigt eigen ist, erkennbar. Der Mensch,
den Heim hier im Gottesdienst vor sich hat, ist in den späten 1920er
und frühen 1930er Jahren der Mann, der einem Heldenideal nach-
läuft und der alle Weichheit und Süßlichkeit verabscheut und deshalb

auch der Ohnmacht des leidenden und gekreuzigten Christus ablehnend gegenübersteht.

9.4 Predigttyp

Unterscheidet man in der Homiletik (Predigtlehre) verschiedene Grundarten bzw. Typen von Predigt, z. B. die Lehrpredigt, die seelsorgerische, die missionarische, die politische Predigt usw., dann liegt der Schwerpunkt bei Heim eindeutig bei einer seelsorgerisch-missionarischen Predigtweise. Heim sucht immer wieder neu den Zweifler auf und nimmt ihn auch in dieser Predigt bei der Hand, um ihn zur Gewissheit und Freude des kindlichen Weihnachtsglaubens zu führen.

HEIM SUCHT IMMER WIEDER NEU DEN ZWEIFLER AUF UND NIMMT IHN BEI DER HAND.

Dabei weiß er, dass der Zweifel nicht nur draußen vor den Kirchenmauern in den Herzen und Köpfen der Menschen wohnt, sondern gerade auch bei denen, die sich zur Gemeinde halten und die in den Gottesdienst gehen. Deshalb ermutigt er die Gemeinde, sich hineinnehmen zu lassen in die große Gemeinschaft und Solidarität der Zweifelnden. In einer unverkennbaren Steigerung wird an den biblischen Gestalten deutlich, wie tief die menschliche Skepsis der Liebe Gottes entgegensteht. Johannes der Täufer, die große prophetische Gestalt, der engste Jüngerkreis der zwölf Apostel und allen voran Thomas sind immer wieder vom Zweifel ergriffen und müssen von Jesus mit geduldiger Liebe zu neuem Glauben hingeführt werden. Es ist der weite Weg von einem staunenden Wunderglauben hin zur Reife des Christen, der auch ohne Zeichen und Wunder rückhaltlos Gott vertraut. Diese seelsorgerische Diagnose ist für Heims Predigt und Theologie zentral. Heim ist umgetrieben von der Frage der Theodizee, d. h. wie ein gerechter Gott das Leid in der Welt zulassen kann und wie letztendlich Menschen angesichts des Elends in der Welt zum inneren Frieden mit Gott finden. Hier zeigt sich ein Grundzug des Kirchenvaters Augustinus (354–430) in Heims Theologie und Frömmigkeit. Entsprechend der „Bekenntnisse" des Kirchenvaters ist das menschliche Herz unruhig, bis es in Gott Ruhe gefunden hat. Zu dieser Ruhe, zu dieser Stille im Sturm will Heim seine Hörerinnen und Hörer führen. Dies ist ein Grundtenor seiner gesamten Verkündigung. Erst wenn Menschen in der Gemeinschaft mit Gott Frieden gefunden haben, sind sie am Ziel ihres Lebens angelangt. Diese seelsorgerische Zuspitzung ist gleichzeitig auch das missionarische Ziel der Verkündigung Karl Heims. In dieser theologischen Grundorientierung erweist sich auch die tief lutherische Prägung des Tübinger Stiftspredigers. Es geht ihm um die Theologie des Kreuzes und nicht um eine Theologie der Macht oder der Herrlichkeit.

Der Herzschlag, den die vorliegende Adventspredigt hörbar macht, ist so ein eindrückliches Beispiel dafür, wie tief Lehre und Verkündigung bei dem Theologen und Prediger Heim zusammenhängen. Die Schuldfrage ist durch Christus gelöst. Durch die Rechtfertigung allein aus Gnaden wird der Mensch zum Glauben erweckt und kann so die Spannung der noch nicht sichtbar gelösten Machtfrage in dieser Welt ertragen.

10. Die Herausforderung der Zukunft annehmen – von Karl Heims apologetischer Theologie lernen

Heute, fünfzig Jahre nach dem Tod Heims, muss man leider einräumen, dass das theologische Erbe des Tübinger Systematikers, der zu seinen Lebzeiten eine so ungeheure Faszination, auf Theologiestudenten und auf Hörer aller Fakultäten ausübte, eine vergleichsweise geringe Wirkungsgeschichte entfaltet hat. Es ist das Anliegen dieses Buches, auf Heim erneut aufmerksam zu machen und ihn ins Gespräch zu bringen. Meines Erachtens zeigt die hier vorgelegte Einführung in sein Leben und Werk, dass sich eine Fülle von Impulsen aus seiner theologischen Apologetik ergeben, die heute aufgegriffen und weitergeführt werden sollten. Einige möchte ich im Folgenden exemplarisch benennen.

10.1 Die apologetische Dimension systematischer Theologie

Die in der Bibel offenbarte christliche Wahrheit erhebt einen umfassenden und universalen Geltungsanspruch. Dieser kann nur ernst genommen werden, wenn die Theologie bewusst in das Gespräch mit der Wissenschaft, der Philosophie und den Religionen eintritt. Eine missionarisch wirksame Theologie, die Andersdenkende überzeugt, muss die Herausforderung der geistigen Auseinandersetzung annehmen und den Diskurs auf dem Markt der Welt austragen, wie dies bereits Paulus in Athen auf dem Areopag getan hat (vgl. Apg 17,16-34). Während die biblische Theologie Alten und Neuen Testaments die einzelnen Traditionslinien der heiligen Schrift entsprechend ihren inhaltlichen und literarischen Profilen herausarbeitet und bündelt, geht es in der systematischen Theologie um die Frage, ob und

DER DISKURS MUSS AUF DEM MARKT DER WELT AUSGETRAGEN WERDEN.

wie die christliche Wahrheit als umfassender Lebenszusammenhang kohärent und überzeugend dargestellt werden kann. Damit tritt die Theologie in die seit dem frühen Christentum entwickelte Verbindung mit philosophischen Denkstrukturen und -methoden ein. Dieser Denkansatz wird auf die geschichtlich geprägten Inhalte der biblischen Offenbarung bezogen.

Diese beiden Dimensionen kennzeichnen die theologische Disziplin der Systematik: zum einen die apologetische Einlassung auf ganz verschiedene kulturelle Positionen und die historischen Situationen der nichtchristlichen Umwelt und zum anderen die systematische Durchdringung der biblischen Offenbarung, um deren universale Wahrheit darzustellen.

Karl Heim hat diesem hohen Anspruch mit großer Leidenschaft und argumentativer Kraft entsprochen. Er war überzeugt, dass die Theologie Pfarrer, Religionslehrer und Missionare ausbilden muss, die der umfassenden Aufgabe gewachsen sind, im geistigen Ringen mit der Moderne den christlichen Glauben wirksam zu vertreten.

Nachdem die apologetische Dimension der systematischen Theologie durch die Kritik *Karl Barths* (1886–1968) in der evangelischen Theologie fragwürdig wurde, ist es angesichts aktueller kultureller Herausforderungen durch die Neoreligiosität und die Renaissance des Atheismus dringend nötig, Heims Anliegen wieder aufzunehmen. Es geht zuerst und vor allem darum, die jahrhundertealte Tradition christlicher Apologetik neu zu würdigen und für unsere geistige Situation fruchtbar zu machen.

10.2 Dialogische Theologie zwischen ewiger Wahrheit und zeitlicher Bedingtheit

Heim war durch seinen persönlichen Glauben tief in der biblischen Wahrheit verwurzelt und wusste, dass die Offenbarung Gottes ihrem Wesen nach unabänderlich für alle Generationen und Kulturen gilt. Es geht um die Rettung der von Gott geschaffenen Welt durch das Heilshandeln an Israel und in Jesus Christus. Menschen aller Kulturen sind auf diese Botschaft angewiesen. Aber in der Vermittlung des biblischen Evangeliums ist die Kenntnis des jeweiligen Gesprächspartners mit seinen Fragen und seiner kulturellen Prägung wichtig. Die christliche Mission bedarf, um in einer Analogie zu reden, eines inkarnatorischen Aktes, um die Botschaft immer neu in ihrer einmaligen geschichtlichen Bedingtheit zu vermitteln. Dazu ist es nötig, den Gesprächspartner in seinem Vorverständnis zu kennen und dort anzuknüpfen, wo er für das Evangelium offen ist. Es gilt zudem, die Denkhindernisse zu beseitigen, die ihm den Zugang zum Glauben versperren. Heim ist im hohen Maße das Risiko jeder dialogischen Theologie eingegangen, indem er sich völlig auf seine zeitgeschichtliche Situation eingelassen hat. Dabei hat ihn auch das Schicksal, das jede so zeitbezogene Theologie auf sich nimmt, eingeholt: Er war mit seinen Fragestellungen und Antworten ein Zeitgenosse vorrangig der ersten Hälfte des 20. Jh. mit ihren gewaltigen ideologischen Umbrüchen und wissenschaftlichen Paradigmenwechseln. Diese Herausforderungen hat er entschlossen angenommen und auf die gestellten Fragen kompetent Antwort gegeben. Mit dieser Einlassung auf die jeweilige historische Situation ist dann aber unabdingbar verbunden, dass sich durch neue Problemstellungen auch die Form und inhaltliche Darstellung der theologischen Antworten ändern muss. Apologetische Theologie ist darum in der Regel zeitbedingt und hat eine relativ rasche Verfallsdauer. Das Naturbild des 19. Jh. ist z. B. aus heutiger Sicht lediglich eine geistesgeschichtliche Konstellation der Vergangenheit ohne unmittelbare Relevanz, weil die naturphilosophischen Implikationen, die sich aus der Relativitätstheorie und Quantenphysik ergeben, heute zum Allgemeingut geworden sind. Damit hat Heims theologische Diskussion mit den Naturwissenschaften aktuell auch an Brisanz und Glanz verloren.

Aber genau dieses Wagnis der Zeitgenossenschaft muss nicht nur jeder Prediger in seiner geschichtlichen Situation eingehen, sondern auch der systematische Theologe. Systematische Theologie ist, ungeachtet der ewigen Bedeutung ihrer biblischen Grundlagen, immer in hohem Maße zeitgebunden und ihrer Gegenwart verpflichtet.

10.3 Weltoffener Horizont und Freiheit des Denkens

So sehr Karl Heim ganz im württembergischen Pietismus verwurzelt war, so sehr war er doch Weltbürger mit einem weiten Horizont. Seine vielfältigen internationalen Kontakte und Reisen unterstreichen dies eindrücklich. Die Faszination, die von Heim auf viele Studenten ausging, lag nicht zuletzt in dieser Verbindung von existenzieller Glaubensverwurzelung und der Freiheit des Denkens. Der Pietismus in Deutschland hat mit Institutionen der theologischen Studienbegleitung an der Universität ein Stück von Heims persönlichem Denkstil institutionalisiert. Die seit den 1970er Jahren in der Bundesrepublik entstandenen Studienhäuser haben Heims Ansatz in dieser Hinsicht programmatisch aufgenommen. Heim steht mit seiner Theologie für die Bereitschaft des Pietismus, sowohl im Kontext der Universität und ihrer theologischen Fakultäten als auch im Blick auf die kulturelle und geistige Situation der Volkskirchen denkerisch Verantwortung zu übernehmen.

10.4 Die Fruchtbarkeit von Heims methodischem Ansatz

Heims Bemühen, jede Religion, Philosophie oder Ideologie zunächst einmal als Gegenüber des christlichen Glaubens ernst zu nehmen und aus ihrem Selbstverständnis heraus nachzuvollziehen, ist für jeden gelingenden Dialog unerlässlich. Der Ansatz, furchtlos und ungeachtet der sich ergebenden denkerischen Konsequenzen jede Weltanschauung bis zu ihren Ursprüngen zurückzuverfolgen, ist sehr aufschlussreich für das Verständnis. Die entsprechend umgekehrte Denkrichtung, nämlich die letzten, vielleicht in der jeweiligen Weltanschauung noch gar nicht reflektierten Konsequenzen zu Ende zu denken, ist ebenfalls ausgesprochen fruchtbar. In diesem Zusammenhang erweist es sich, dass sowohl vom christlichen Glauben als auch von den immanenten Konsequenzen der jeweiligen Philosophien oder Religionen her sich Folgen ergeben, die das betreffende Denksystem in Frage stellen. Die Aufgabe der Apologetik ist in diesem Sinne zunächst eine destruktive, weil sie Denkhindernisse des Glaubens beseitigt. Eine methodisch geordnete Darstellung der christlichen Glaubensinhalte ist dann im eigentlichen Sinne Aufgabe der Dogmatik, die Heim besonders in seinen christologischen Bänden „JESUS DER HERR" und „JESUS DER WELTVOLLENDER" vorgelegt hat. Beide Denkbemühungen ergänzen sich und müssen stimmig ineinandergreifen.

FURCHTLOS UND UNGEACHTET DER SICH ERGEBENDEN DENKERISCHEN KONSEQUENZEN JEDE WELTANSCHAUUNG BIS ZU IHREN URSPRÜNGEN ZURÜCKVERFOLGEN.

10.5 Offene Fragen im Wandel der Naturwissenschaften

Für Heim war es fraglos ein Glücksfall, dass die physikalische Forschung des 20. Jh. ihm alle Argumente lieferte, derer er zur Destruktion des Naturbildes des 19. Jh. bedurfte.

Heute stellt sich die Frage Schöpfung/Naturwissenschaft vor allem im Blick auf die Akzeptanz der *Evolutionstheorie*. Hier gibt es in der Gegenwart die Auseinandersetzung zwischen *Kreationismus* bzw. *Intelligent Design* auf der einen Seite und den theistischen und atheistischen Vertretern der Evolutionstheorie auf der anderen Seite. Aufgrund seiner freundschaftlichen Verbindung mit einem Tübinger Biologen hat Heim im letzten Band seines Hauptwerkes „WELTSCHÖPFUNG UND WELTVOLLENDUNG" recht unbefangen evolutionstheoretische Voraussetzungen aufgenommen. Die theologische Brisanz der Evolutionstheorie sowohl hinsichtlich der ethischen Konsequenzen des *Sozialdarwinismus* als auch im Blick auf die Perspektive einer ursprünglich sehr guten Schöpfung ohne Leid und Tod hat er dabei weitgehend ausgeblendet; zumindest in diesem konkreten Kontext seiner Einlassung auf die Evolutionstheorie. Der Verlauf der öffentlichen Debatte über das Thema zeigt, dass die günstigen Voraussetzungen, die Heim für seine Auseinandersetzung mit der Physik des 19. Jh. zugrunde legen konnte, heute so im Blick auf die Evolutionstheorie nicht bestehen. Heim schreibt:

> „Wirklich apologetischen Wert haben nur wissenschaftliche Ergebnisse, die ohne jede apologetische Absicht gewonnen sind. Das einzige, was wir tun können, ist darum dies: Wir können den Gang der heutigen Naturforschung mit aufmerksamem Auge verfolgen und abwarten, ob sich in ihr wissenschaftliche Bewegungen anbahnen, die ganz unabsichtlich dem Glauben den Weg bereiten, ob noch einmal eine Flutwelle kommt, die, ohne es zu wollen, das Schiff des Glaubens wieder emporhebt. Und eine solche Flutwelle scheint allerdings im Anzuge zu sein."[1]

Die Flutwelle, die Heim mit seiner Apologetik empor trug, hat sich heute hinsichtlich der Evolutionstheorie eher zu einem Wellental gewandelt. Auch wenn die Evolutionstheorie manche Christen im Glauben verunsichert – man kann nicht behaupten, dass eine kreationistische Fundierung der Biologie seitens der Wissenschaft insgesamt im Horizont wäre. Hier gilt es, ungelöste Spannungen auszuhalten, selbst dann, wenn sie ein Hindernis für den Glauben darstellen. Aus diesem Zusammenhang wird deutlich, dass sich die apologetische Situation niemals absolut an den Stand wissenschaftlicher Forschungen binden kann, weil im Verlauf der Wissenschaftsgeschichte immer neue Konstellationen auftreten, die sehr wohl dem

DIE FLUTWELLE, DIE HEIM MIT SEINER APOLOGETIK EMPOR TRUG, HAT SICH HEUTE HINSICHTLICH DER EVOLUTIONSTHEORIE EHER ZU EINEM WELLENTAL GEWANDELT.

---

[1] HEIM, „Der gegenwärtige Stand der Debatte zwischen Theologie und Naturwissenschaft", in: *Glaube und Leben,* Berlin ²1928, S. 57f.

christlichen Glauben entgegenkommen können. Aber daneben gibt es immer wieder viele Entwicklungen, die mit ihren Argumenten zu atheistischen Konsequenzen führen können. Deutlich ist: Der Glaube hängt in seiner Substanz nicht von der jeweiligen Evidenz apologetischer Bemühungen ab, sondern hat, wie Heim in seiner biblischen Begründung der Glaubensgewissheit aufzeigt, eine pneumatische Begründung in sich selbst.

10.6 Nüchternheit im Blick auf die Mystik

Die stark theologisch argumentierende Apologetik Heims in Auseinandersetzung mit den asiatischen Hochreligionen ist von ungebrochener Relevanz für die Gegenwart. Sowohl die Analyse des Selbstverständnisses des Buddhismus als auch die detaillierte Kritik an diesem Weltbild ist angesichts der Konjunktur mystischer Religiosität und esoterischer Kulte heute ernsthaft zu hören.

Gleichzeitig wird bei Heim deutlich, dass in seiner Glaubensbegründung die unmittelbare Erfahrung der Gegenwart Christi im Heiligen Geist eine zentrale Stellung einnimmt. Hier findet sich bei Heim eine tiefe Spannung. Es wird ersichtlich, dass er entscheidende Inhalte des Glaubens nicht relativiert, nur weil sie mit nichtchristlichen Positionen verwechselt werden könnten. Heim hat sich gerade im Blick auf die Lehre vom Heiligen Geist und die unmittelbare Führung durch Christus sehr exponiert und ist dabei sicher über die Grenze reformatorischer Theologie hinausgegangen. Nach reformatorischem Verständnis bleibt die Geistwirkung viel unmittelbarer an das Schriftwort gebunden. Hier muss Heims Konzept sicher kritisch hinterfragt werden, nicht zuletzt im Blick auf problematische Weiterentwicklungen seines Ansatzes in der charismatischen Bewegung.

10.7 Fazit

In der Summe zeigt sich, dass Heims Denken sowohl im Blick auf seine Methode sowie seine Zielsetzungen und Inhalte vielfältige und notwendige Anstöße für die Gegenwart enthält. Es wäre wünschenswert gewesen, dass die wissenschaftliche Theologie der theologischen Fakultäten in Deutschland ihn schon zu Lebzeiten ernsthaft zur Kenntnis genommen und das Gespräch mit ihm gesucht hätte. Das ist leider nicht wirklich geschehen. Auf jeden Fall ist es Aufgabe evangelischer Theologie, diesen weitsichtigen und tiefgründigen Denker, der aus dem Pietismus kommt und sich zeitlebens dem Pietismus verbunden fühlte, als einen großen Lehrer zu achten. Evangelische Theologie sollte sein Erbe lebendig erhalten und auf die gegenwärtigen Herausforderungen beziehen. Wenn die hier vorgelegte Einführung in Heims Denken dazu einen Beitrag leistet, ist ihre entscheidende Zielsetzung erfüllt.

11. LITERATURVERZEICHNIS

11.1 Schriften von Karl Heim

HEIM, KARL. *Der Evangelische Glaube und das Denken der Gegenwart. Grundzüge einer christlichen Lebensanschauung.* 6 Bde. Bad Liebenzell [7]2002.

Bd. 1: *Glaube und Denken. Philosophische Grundlegung einer christlichen Lebensanschauung* (1931). Bad Liebenzell [7]2002.

Bd. 2: *Jesus der Herr. Die Herrschervollmacht Jesu und die Gottesoffenbarung in Christus* (1935). Bad Liebenzell [6]2002.

Bd. 3: *Jesus der Weltvollender. Der Glaube an die Versöhnung und Weltverwandlung* (1937). Bad Liebenzell [6]2002.

Bd. 4: *Der christliche Gottesglaube und die Naturwissenschaft. Grundlegung des Gesprächs zwischen Christentum und Naturwissenschaft* (1949). Bad Liebenzell [4]2002.

Bd. 5: *Die Wandlung im naturwissenschaftlichen Weltbild. Die moderne Naturwissenschaft vor der Gottesfrage* (1951). Bad Liebenzell [5]2002.

Bd. 6: *Weltschöpfung und Weltende. Das Ende des jetzigen Weltzeitalters und die Weltzukunft im Lichte des biblischen Osterglaubens* (1952). Bad Liebenzell [4]2002.

HEIM, KARL. „Die Absolutheit des Christentums". In: ders. *Glauben und Leben. Gesammelte Aufsätze und Vorträge. Mit einer Einführung über Sinn und Ziel meiner theologischen Arbeit.* Berlin [2]1928.

DERS. *Die Auferstehung der Toten.* Metzingen 1951.

DERS. „Ein Beispiel missionarischer Verkündigung". In: *Evangelische Missionszeitschrift* Nr. 1, 1940.

DERS. „Bilden ungelöste Fragen ein Hindernis für den Glauben?". In: *Glauben und Leben.* Berlin [2]1928.

DERS. „Die Botschaft des Neuen Testaments an die Heidenwelt". In: *Glauben und Leben.* Berlin [2]1928.

DERS. *Die christliche Ethik. Tübinger Vorlesungen.* Nachgeschrieben von Walter Kreuzburg. Tübingen 1955.

DERS. *DCSV-Mitteilungen* Nr. 2, Mai 1901.

DERS. *Deutsche Staatsreligion oder evangelische Volkskirche.* Berlin 1933.

DERS. „Die dogmatische Grundlage des erwecklichen Zeugnisses in Pietismus und Theologie". In: *Pietismus und Theologie. Beiträge zu ihrer Verständigung.* Hrsg. von O. SCHMITZ. Neukirchen 1956.

DERS. „Die Einheit des Missionsauftrags Christi an alle Völker". In: *Das Heil der Welt. Die Botschaft der Christlichen Mission und die nichtchristlichen Religionen.* Hrsg. und erl. von Friso Melzer. Moers 1986.

DERS. „Die Frage nach dem Bekenntnis in der Geschichte der DCSV". In: *Mitteilungen der Deutschen Christlichen Studentenvereinigung* Nr. 407, Juni 1936.

DERS. „Friede mit Gott". In: *Glaube und Leben.* Berlin [2]1928.

DERS. „Das Gebet als philosophisches Problem". In: *Glaube und Leben.* Berlin [2]1928.

DERS. „Der gegenwärtige Stand der Debatte zwischen Theologie und Naturwissenschaft". In: *Glaube und Leben.* Berlin [2]1928.

DERS. *Ich gedenke der vorigen Zeiten. Erinnerungen aus acht Jahrzehnten.* Hamburg 1957.

DERS. „Der Kampf gegen den Säkularismus". In: ders. *Leben aus dem Glauben. Beiträge zur Frage nach dem Sinn des Lebens.* Berlin [2]1934.

DERS. *Leben aus dem Glauben. Beiträge zur Frage nach dem Sinn des Lebens.* Berlin [2]1934.

DERS. *Die lebendige Quelle. Predigten von Karl Heim.* Tübingen 1927.

DERS. *Leitfaden der Dogmatik. Zum Gebrauch bei akademischen Vorlesungen.* Bd. I. Halle/Sa. [3]1923.

DERS. „Das Missionsproblem in den Kulturländern Ostasiens". In: ders. *Glaube und Leben. Gesammelte Aufsätze und Vorträge. Mit einer Einführung über Sinn und Ziel meiner theologischen Arbeit.* Berlin [2]1928.

DERS. „Schuld und Schicksal in der ‚Deutschen Gottesschau' und im biblischen Evangelium". In: *Zeitschrift für Theologie und Kirche* Nr. 16, 1935.

DERS. *Die stärkste Wurzel unserer Kraft.* Berlin, verm. 1940.

DERS. „Die Tagung des erweiterten Internationalen Missionsrates". In: *Evangelisches Missionsmagazin* Nr. 72, 1928.

DERS. „Tolstoi und Jesus". In: *Glaube und Leben.* Berlin [2]1928.

DERS. „Unsere Verpflichtung zur Weltmission". In: *Leben aus dem Glauben.* Berlin [1]1932.

DERS. *Die Weltanschauung der Bibel.* Leipzig [8]1931.

DERS. *Das Weltbild der Zukunft. Eine Auseinandersetzung zwischen Philosophie, Naturwissenschaft und Theologie.* Wuppertal [2]1980.

DERS. *Das Wesen des evangelischen Christentums.* Leipzig [5]1929.

DERS. „Zu meinem Versuch einer neuen religionsphilosophischen Grundlegung der Dogmatik. Teil II". In: *Glaube und Leben.* Berlin [2]1928.

11.2 Sekundärliteratur

F. BURGER. *Karl Heim as Apologeet. Academisch Proefschrift.* Amsterdam 1954.

R. HILLE. *Das Ringen um den säkularen Menschen. Karl Heims Auseinandersetzung mit der idealistischen Philosophie und den pantheistischen Religionen.* Gießen 1990.

A. KÖBERLE. *Abschied von Karl Heim. Glaubensvermächtnis der schwäbischen Väter.* Hamburg 1959.

A. KÖBERLE. „Karl Heim. Gesamtbild der Persönlichkeit". In: *Deutsches Pfarrerblatt* Nr. 74, 1974, 2. Ausg.

A. KÖBERLE. „Das schwäbisch-spekulative Erbe Karl Heims". In: *Theologische Beiträge* Nr. 5, 1974.

A. KÖBERLE. *Theologie als Glaubenswagnis. Festschrift für Karl Heim zum 80. Geburtstag.* Hrsg. von der Evang.-Theol. Fakultät in Tübingen. Hamburg 1954.

K. LEESE. „Vom Weltbild zur Dogmatik". In: *Zeitschrift für Theologie und Kirche* Nr. 24, 1914.

A. RINGWALD. *Karl Heim. Ein Prediger Christi vor Naturwissenschaftlern, Weingärtnern und Philosophen. Ein Erinnerungsbild, von seinem Schüler Alfred Ringwald gestaltet.* (In: Gotteszeugen. Eine Schriftenreihe für Jugend und Gemeinde.) Stuttgart 1980.

O. SCHMITZ (Hg.) *Pietismus und Theologie. Beiträge zu ihrer Verständigung.* Hrsg. von O. SCHMITZ. Neukirchen 1956. S. 31-38.

H. THIELICKE. *Zu Gast auf einem schönen Stern.* Hamburg [2]1984.

H. TIMM. *Glaube und Naturwissenschaft in der Theologie Karl Heims.* Witten/Berlin 1968.